Sur Racine

Roland Barthes

Sur Racine

Éditions du Seuil

La première édition de cet ouvrage
a paru dans la collection « Pierres vives »

ISBN 2-02-005072-2
(ISBN 2-02-002596-5, 1ʳᵉ édition)

Avant-propos

Voici trois études sur Racine : elles sont nées de circonstances diverses, et l'on ne cherchera pas à leur donner ici une unité rétrospective.

La première (L'Homme racinien) *a paru dans l'édition du Théâtre de Racine publiée par le Club français du Livre*[1]. *Le langage en est quelque peu psychanalytique, mais le traitement ne l'est guère ; en droit, parce qu'il existe déjà une excellente psychanalyse de Racine, qui est celle de Charles Mauron*[2], *à qui je dois beaucoup ; en fait, parce que l'analyse qui est présentée ici ne concerne pas du tout Racine, mais seulement le héros racinien : elle évite d'inférer de l'œuvre à l'auteur et de l'auteur à l'œuvre ; c'est une analyse volontairement close : je me suis placé dans le monde tragique de Racine et j'ai tenté d'en décrire la population (que l'on pourrait facilement abstraire sous le concept d'*Homo racinianus*), sans aucune référence à une source de ce monde (issue, par exemple de l'histoire ou de la biographie). Ce que j'ai essayé de reconstituer est une sorte d'anthropologie racinienne, à la fois structurale et analytique : structurale dans le fond, parce que la tragédie est traitée ici comme un système d'unités (les «figures») et de fonctions*[3] ;

1. Tomes XI et XII du Théâtre classique français, Club français du Livre, Paris, 1960.
2. Charles Mauron, *L'Inconscient dans l'œuvre et la vie de Racine*, Gap, Ophrys, 1957.
3. Cette première étude comporte deux parties. On dira en termes structuraux que l'une est d'ordre systématique (elle analyse des figures et des fonctions), et que l'autre est d'ordre syntagmatique (elle reprend en extension les éléments systématiques au niveau de chaque œuvre).

analytique dans la forme, parce que seul un langage prêt à recueillir la peur du monde, comme l'est, je crois, la psychanalyse, m'a paru convenir à la rencontre d'un homme enfermé.

La seconde étude (Dire Racine) *est constituée par le compte rendu d'une représentation de* Phèdre *au TNP* [1]*. La circonstance en est aujourd'hui dépassée, mais il me semble toujours actuel de confronter le jeu psychologique et le jeu tragique, et d'apprécier de la sorte si l'on peut encore jouer Racine. Au reste, bien que cette étude soit consacrée à un problème de théâtre, on y verra que l'acteur racinien n'y est loué que dans la mesure où il renonce au prestige de la notion traditionnelle de* personnage*, pour atteindre celle de* figure*, c'est-à-dire de forme d'une fonction tragique, telle qu'elle a été analysée dans le premier texte.*

Quant à la troisième étude (Histoire ou Littérature ?)*, elle est tout entière consacrée, à travers Racine, à un problème général de critique. Le texte a paru dans la rubrique* Débats et combats *de la revue* Annales [2]*; il comporte un interlocuteur implicite : l'historien de la littérature, de formation universitaire, à qui il est ici demandé, soit d'entreprendre une véritable histoire de l'institution littéraire (s'il se veut historien), soit d'assumer ouvertement la psychologie à laquelle il se réfère (s'il se veut critique).*

Reste à dire un mot de l'actualité de Racine (pourquoi parler de Racine aujourd'hui ?). Cette actualité est, on le sait, très riche. L'œuvre de Racine a été mêlée à toutes les tentatives critiques de quelque importance, entreprises en France depuis une dizaine d'années : critique sociologique avec Lucien Goldmann, psychanalytique avec Charles Mauron, biographique avec Jean Pommier et Raymond Picard, de psychologie profonde avec Georges Poulet et Jean Starobinski ; au point que, par un paradoxe remarquable, l'auteur français qui est sans doute le plus lié à l'idée d'une transparence *classique, est le seul qui ait réussi à faire converger sur lui tous les langages nouveaux du siècle.*

1. Paru dans *Théâtre populaire*, n° 29, mars 1958.
2. *Annales*, n° 3, mai-juin, 1960.

C'est qu'en fait la transparence est une valeur ambiguë : elle est à la fois ce dont il n'y a rien à dire et ce dont il y a le plus à dire. C'est donc, en définitive, sa transparence même qui fait de Racine un véritable lieu commun de notre littérature, une sorte de degré zéro de l'objet critique, une place vide, mais éternellement offerte à la signification. Si la littérature est essentiellement, comme je le crois, à la fois sens posé et sens déçu, Racine est sans doute le plus grand écrivain français ; son génie ne serait alors situé spécialement dans aucune des vertus qui ont fait successivement sa fortune (car la définition éthique de Racine n'a cessé de varier), mais plutôt dans un art inégalé de la disponibilité, qui lui permet de se maintenir éternellement dans le champ de n'importe quel langage critique.

Cette disponibilité n'est pas une vertu mineure ; elle est bien au contraire l'être même de la littérature, porté à son paroxysme. Écrire, c'est ébranler le sens du monde, y disposer une interrogation indirecte, à laquelle l'écrivain, par un dernier suspens, s'abstient de répondre. La réponse, c'est chacun de nous qui la donne, y apportant son histoire, son langage, sa liberté ; mais comme histoire, langage et liberté changent infiniment, la réponse du monde à l'écrivain est infinie : on ne cesse jamais de répondre à ce qui a été écrit hors de toute réponse : affirmés, puis mis en rivalité, puis remplacés, les sens passent, la question demeure.

Ainsi s'explique, sans doute, qu'il y ait un être trans-historique de la littérature ; cet être est un système fonctionnel dont un terme est fixe (l'œuvre) et l'autre variable (le monde, le temps qui consomment cette œuvre). Mais pour que le jeu s'accomplisse, pour que l'on puisse aujourd'hui encore parler à neuf de Racine, il faut respecter certaines règles ; il faut d'une part que l'œuvre soit vraiment une forme, qu'elle désigne vraiment un sens tremblé, et non un sens fermé ; et d'autre part (car notre responsabilité n'est pas moindre), il faut que le monde réponde assertivement à la question de l'œuvre, qu'il remplisse franchement, avec sa propre matière, le sens posé ; bref, il faut qu'à la duplicité fatale de l'écrivain, qui interroge sous couvert d'affirmer, corresponde la duplicité du critique, qui répond sous couvert d'interroger.

Allusion et assertion, silence de l'œuvre qui parle et parole de l'homme qui écoute, tel est le souffle infini de la littérature dans le monde et dans l'histoire. Et c'est parce que Racine a honoré parfaitement le principe allusif de l'œuvre littéraire, qu'il nous engage à jouer pleinement notre rôle assertif. Affirmons donc sans retenue, chacun pour le compte de sa propre histoire et de sa propre liberté, la vérité historique, ou psychologique, ou psychanalytique, ou poétique de Racine ; essayons sur Racine, en vertu de son silence même, tous les langages que notre siècle nous suggère ; notre réponse ne sera jamais qu'éphémère, et c'est pour cela qu'elle peut être entière ; dogmatiques et cependant responsables, nous n'avons pas à l'abriter derrière une « vérité » de Racine, que notre temps serait seul (par quelle présomption ?) à découvrir ; il nous suffira que notre réponse à Racine engage, bien au-delà de nous-mêmes, tout le langage à travers lequel notre monde se parle à lui-même et qui est une par⁺ essentielle de l'histoire qu'il se donne.

R. B.

I. L'Homme racinien

La structure

Il y a trois Méditerranées dans Racine : l'antique, la juive et la byzantine. Mais poétiquement, ces trois espaces ne forment qu'un seul complexe d'eau, de poussière et de feu. Les grands lieux tragiques sont des terres arides, resserrées entre la mer et le désert, l'ombre et le soleil portés à l'état absolu. Il suffit de visiter aujourd'hui la Grèce pour comprendre la violence de la petitesse, et combien la tragédie racinienne, par sa nature « contrainte », s'accorde à ces lieux que Racine n'avait jamais vus : Thèbes, Buthrot, Trézène, ces capitales de la tragédie sont des villages. Trézène, où Phèdre se meurt, est un tertre aride, fortifié de pierrailles. Le soleil fait un extérieur pur, net, dépeuplé ; la vie est dans l'ombre, qui est à la fois repos, secret, échange et faute. Même hors la maison, il n'y a pas de vrai souffle : c'est le maquis, le désert, un espace inorganisé. L'habitat racinien ne connaît qu'un seul rêve de fuite : la mer, les vaisseaux : dans *Iphigénie*, tout un peuple reste prisonnier de la tragédie parce que le vent ne se lève pas.

La Chambre

Cette géographie soutient un rapport particulier de la maison et de son extérieur, du palais racinien et de son arrière-pays. Bien que la scène soit unique, conformément à la règle, on peut dire qu'il y a trois lieux tragiques. Il y a d'abord la Chambre : reste de l'antre mythique, c'est le lieu invisible et redoutable où la Puissance est tapie : chambre de Néron, palais d'Assuérus,

Saint des Saints où loge le Dieu juif ; cet antre a un substitut fréquent : l'exil du Roi, menaçant parce qu'on ne sait jamais si le Roi est vivant ou mort (Amurat, Mithridate, Thésée). Les personnages ne parlent de ce lieu indéfini qu'avec respect et terreur, ils osent à peine y entrer, ils croisent devant avec anxiété. Cette Chambre est à la fois le logement du Pouvoir et son essence, car le Pouvoir n'est qu'un secret : sa forme épuise sa fonction : il tue d'être invisible : dans *Bajazet*, ce sont les muets et le noir Orcan qui portent la mort, prolongent par le silence et l'obscurité l'inertie terrible du Pouvoir caché [1].

La Chambre est contiguë au second lieu tragique, qui est l'Anti-Chambre, espace éternel de toutes les sujétions, puisque c'est là qu'on *attend*. L'Anti-Chambre (la scène proprement dite) est un milieu de transmission ; elle participe à la fois de l'intérieur et de l'extérieur, du Pouvoir et de l'Événement, du caché et de l'étendu ; saisie entre le monde, lieu de l'action, et la Chambre, lieu du silence, l'Anti-Chambre est l'espace du langage : c'est là que l'homme tragique, perdu entre la lettre et le sens des choses, parle ses raisons. La scène tragique n'est donc pas proprement secrète [2] ; c'est plutôt un lieu aveugle, passage anxieux du secret à l'effusion, de la peur immédiate à la peur parlée : elle est piège flairé, et c'est pourquoi la station qui y est imposée au personnage tragique est toujours d'une extrême mobilité (dans la tragédie grecque, c'est le chœur qui attend, c'est lui qui se meut dans l'espace circulaire, ou orchestre, placé devant le Palais).

Entre la Chambre et l'Anti-Chambre, il y a un objet tragique qui exprime d'une façon menaçante à la fois la contiguïté et l'échange, le frôlage du chasseur et de sa proie, c'est la Porte. On y veille, on y tremble ; la franchir est une tentation et une

---

1. La fonction de la Chambre royale est bien exprimée dans ces vers d'*Esther* :

> Au fond de leur palais leur majesté terrible
> Affecte à leurs sujets de se rendre invisible ;
> Et la mort est le prix de tout audacieux
> Qui sans être appelé se présente à leurs yeux. (I, 3.)

2. Sur la clôture du lieu racinien, voir Bernard Dort, *Huis clos racinien*, Cahiers Renaud-Barrault, VIII.

transgression : toute la puissance d'Agrippine se joue à la porte de Néron. La Porte a un substitut actif, requis lorsque le Pouvoir veut épier l'Anti-Chambre ou paralyser le personnage qui s'y trouve, c'est le Voile *(Britannicus, Esther, Athalie)* ; le Voile (ou le Mur qui écoute) n'est pas une matière inerte destinée à cacher, il est paupière, symbole du Regard masqué, en sorte que l'Anti-Chambre est un lieu-objet cerné de tous côtés par un espace-sujet ; la scène racinienne est ainsi doublement spectacle, aux yeux de l'invisible et aux yeux du spectateur (le lieu qui exprime le mieux cette contradiction tragique est le Sérail de *Bajazet*).

Le troisième lieu tragique est l'Extérieur. De l'Anti-Chambre à l'Extérieur, il n'y a aucune transition ; ils sont collés l'un à l'autre d'une façon aussi immédiate que l'Anti-Chambre et la Chambre. Cette contiguïté est exprimée poétiquement par la nature pour ainsi dire linéaire de l'enceinte tragique : les murs du Palais plongent dans la mer, les escaliers donnent sur des vaisseaux tout prêts à partir, les remparts sont un balcon au-dessus du combat même, et s'il y a des chemins dérobés, ils ne font déjà plus partie de la tragédie, ils sont déjà fuite. Ainsi la ligne qui sépare la tragédie de sa négation est mince, presque abstraite ; il s'agit d'une *limite* au sens rituel du terme : la tragédie est à la fois prison et protection contre l'impur, contre tout ce qui n'est pas elle-même.

Les trois espaces extérieurs : mort, fuite, événement

L'Extérieur est en effet l'étendue de la non-tragédie ; il contient trois espaces : celui de la mort, celui de la fuite, celui de l'Événement. La mort physique n'appartient jamais à l'espace tragique : on dit que c'est par bienséance[1] ; mais ce que la bienséance écarte dans la mort charnelle, c'est un élément étranger à

---

1. Atalide *se tue* sur scène, mais *expire* hors de scène. Rien n'illustre mieux la disjonction du geste et de la réalité.

la tragédie, une « impureté », l'épaisseur d'une réalité scandaleuse puisqu'elle ne relève plus de l'ordre du langage, qui est le
seul ordre tragique : dans la tragédie, on ne meurt jamais, parce
qu'on parle toujours. Et inversement, sortir de la scène, c'est pour
le héros, d'une manière ou d'une autre, mourir : les *sortez* de
Roxane à Bajazet sont des arrêts de mort, et ce mouvement est le
modèle de toute une série d'issues où il suffit au bourreau de
congédier ou d'éloigner sa proie pour la faire mourir, comme si
le seul contact de l'air extérieur devait la dissoudre ou la foudroyer : combien de victimes raciniennes meurent ainsi de n'être
plus protégées par ce lieu tragique qui pourtant, disaient-elles, les
faisait souffrir mortellement (Britannicus, Bajazet, Hippolyte).
L'image essentielle de cette mort extérieure, où la victime
s'épuise lentement hors de l'air tragique, c'est l'Orient bérénicien, où les héros sont appelés interminablement dans la non-
tragédie. D'une manière plus générale, transplanté hors de l'espace tragique, l'homme racinien *s'ennuie* : il parcourt tout espace
réel comme une succession de chaînes (Oreste, Antiochus,
Hippolyte) : l'ennui est évidemment ici un substitut de la mort :
toutes les conduites qui suspendent le langage font cesser la vie.

Le second espace extérieur, c'est celui de la fuite : mais la fuite
n'est jamais nommée que par la caste inférieure des familiers ; les
confidents et les comparses (Acomat, Zarès) ne cessent de recommander aux héros la fuite sur l'un de ces innombrables vaisseaux
qui croisent devant toute tragédie racinienne pour lui représenter
combien sa négation est proche et facile [1] (il n'y a qu'un vaisseau-
prison dans Racine, c'est celui où la captive Ériphile devient
amoureuse de son ravisseur). L'Extérieur est d'ailleurs un espace
rituellement dévolu, c'est-à-dire consigné et assigné à tout le personnel non tragique, à la façon d'un ghetto inversé, puisque ici
c'est l'ampleur de l'espace qui est tabou, c'est le resserrement qui
est un privilège : c'est là et de là que vont et viennent ce peuple de

---

1.   Nos vaisseaux sont tout prêts et le vent nous appelle… (*And*. III. 1.)
       Des vaisseaux dans Ostie armés en diligence… (*Bér*. I. 3.)
       Déjà sur un vaisseau dans le port préparé… (*Baj*. III. 2.)

confidents, de domestiques, de messagers, de matrones et de
gardes, chargés de nourrir la tragédie en événements : leurs
entrées et leurs sorties sont des tâches, non des signes ou des actes.
Dans ce conclave infini (et infiniment stérile) qu'est toute tragédie, ils sont les secrétaires officieux qui préservent le héros du
contact profane avec le réel, lui épargnent pour ainsi dire la cui-
sine triviale du *faire*, et ne lui transmettent l'événement que paré,
réduit à l'état de cause pure. C'est la troisième fonction de l'espace extérieur : tenir l'acte dans une sorte de quarantaine où ne
peut pénétrer qu'une population neutre, chargée de trier les événements, d'extraire de chacun d'eux l'essence tragique et de n'apporter sur scène que des fragments d'extérieur purifiés sous le
nom de nouvelles, anoblis sous celui de récits (batailles, suicides,
retours, meurtres, festins, prodiges). Car face à cet ordre du seul
langage qu'est la tragédie, l'acte est l'impureté même.

Au reste, rien ne montre mieux la disparité physique des deux
espaces, l'interne et l'externe, qu'un curieux phénomène de dis-
torsion temporelle que Racine a bien décrit dans *Bajazet* : entre
le temps extérieur et le temps enfermé, il y a le temps du mes-
sage, en sorte que l'on n'est jamais certain que l'événement reçu
soit le même que l'événement produit : l'événement extérieur
n'est en somme jamais *fini*, il n'achève pas sa transformation en
pure cause : enfermé dans l'Anti-Chambre, recevant de l'extérieur la seule nourriture que lui apporte le confident, le héros vit
dans une incertitude irrémédiable : l'événement lui *manque :* il y
a toujours un temps de trop, le temps même de l'espace : ce problème tout einsteinien fait la plupart des actions tragiques [1]. En
somme la topographie racinienne est convergente : tout concourt
vers le lieu tragique, mais tout s'y englue. Le lieu tragique est un

---

1.   Mais, comme vous savez, malgré ma diligence,
       Un long chemin sépare et le camp et Byzance ;
       Mille obstacles divers m'ont même traversé,
       Et je puis ignorer tout ce qui s'est passé. (*Baj.* I. 1.)

       Ce combat doit, dit-on, fixer nos destinées ;
       Et même, si d'Osmin je compte les journées,
       Le Ciel en a déjà réglé l'événement,
       Et le Sultan triomphe ou fuit en ce moment. (*Baj.* I. 2.)

lieu *stupéfié*, saisi entre deux peurs, entre deux fantasmes : celui
de l'étendue et celui de la profondeur.

La horde

Voilà donc une première définition du héros tragique : il est
l'enfermé, celui qui ne peut sortir sans mourir : sa limite est son
privilège, la captivité sa distinction. Oté le peuple domestique,
défini paradoxalement par sa liberté même, que reste-t-il dans le
lieu tragique ? une caste glorieuse à proportion de son immobilité. D'où vient-elle ?

Certains auteurs [1] ont affirmé qu'aux temps les plus reculés de
notre histoire, les hommes vivaient en hordes sauvages ; chaque
horde était asservie au mâle le plus vigoureux, qui possédait
indistinctement femmes, enfants et biens. Les fils étaient dépos-
sédés de tout, la force du père les empêchait d'obtenir les
femmes, sœurs ou mères, qu'ils convoitaient. Si par malheur ils
provoquaient la jalousie du père, ils étaient impitoyablement
tués, châtrés ou chassés. Aussi, disent ces auteurs, les fils fini-
rent-ils par s'associer pour tuer le père et prendre sa place. Le
père tué, la discorde éclata entre les fils ; ils se disputèrent âprement son héritage, et ce n'est qu'après un long temps de luttes
fratricides qu'ils en vinrent à fonder entre eux une alliance rai-
sonnable : chacun renonçait à convoiter la mère ou les sœurs : le
tabou de l'inceste était institué.

Cette histoire, même si elle n'est qu'un roman, c'est tout le
théâtre de Racine. Que l'on fasse des onze tragédies une tragédie essentielle ; que l'on dispose dans une sorte de constellation
exemplaire cette tribu d'une cinquantaine de personnages tragiques qui habite la tragédie racinienne, et l'on y retrouvera
les figures et les actions de la horde primitive : le père, proprié-
taire inconditionnel de la vie des fils (Amurat, Mithridate,
Agamemnon, Thésée, Mardochée, Joad, Agrippine même) ; les
femmes, à la fois mères, sœurs et amantes, toujours convoitées,

---

1. Darwin et Atkinson, repris par Freud (*Moïse et le monothéisme*, p. 124).

rarement obtenues (Andromaque, Junie, Atalide, Monime) ; les frères, toujours ennemis parce qu'ils se disputent l'héritage d'un père qui n'est pas tout à fait mort et revient les punir (Etéocle et Polynice, Néron et Britannicus, Pharnace et Xipharès) ; le fils enfin, déchiré jusqu'à la mort entre la terreur du père et la nécessité de le détruire (Pyrrhus, Néron, Titus, Pharnace, Athalie). L'inceste, la rivalité des frères, le meurtre du père, la subversion des fils, voilà les actions fondamentales du théâtre racinien.

Nous ne savons pas bien ce qui est représenté ici. Est-ce, selon l'hypothèse de Darwin, un très vieux fonds folklorique, un état à peu près a-social de l'humanité ? Est-ce, selon l'hypothèse de Freud, la toute première histoire de la psyché, reproduite dans l'enfance de chacun de nous ? Je constate seulement que le théâtre racinien ne trouve sa cohérence qu'au niveau de cette fable ancienne, située très en arrière de l'histoire ou de la psyché humaine [1] : la pureté de la langue, les grâces de l'alexandrin, la précision de la « psychologie », le conformisme de la métaphysique sont ici des protections très minces ; le tuf archaïque est là, tout près. Cette action originelle n'est pas jouée par des *personnages*, au sens moderne du mot ; Racine, avec l'époque, les appelait beaucoup plus justement des *acteurs* ; il s'agit au fond de masques, de figures qui reçoivent leurs différences, non de leur état civil, mais de leur place dans la configuration générale qui les tient enfermés ; tantôt c'est la fonction qui les distingue (le père s'oppose au fils, par exemple), tantôt c'est leur degré d'émancipation par rapport à la figure la plus régressive de leur lignage (Pyrrhus représente un fils plus affranchi que Néron, Pharnace que Xipharès, Titus qu'Antiochus ; Hermione représente une fidélité moins souple que celle d'Andromaque). Aussi le discours racinien livre-t-il de grandes masses de langage indivis, comme si, à travers des paroles différentes, une seule et même personne s'exprimait ; par rapport à cette parole profonde, la découpe très pure du verbe racinien fonctionne comme un

---

1. « Racine nous peint non pas l'homme tel qu'il est, mais un peu au-dessous et hors de soi, au moment où les autres membres de la famille, les médecins et les tribunaux commenceraient en effet à être inquiets, s'il ne s'agissait de théâtre » (Ch. Mauron, *L'Inconscient dans l'œuvre et la vie de Racine*).

véritable appel ; le langage est ici aphoristique, non réaliste ; il
est expressément destiné à la citation.

Les deux Éros

L'unité tragique n'est donc pas l'individu mais la figure, ou,
mieux encore, la fonction qui la définit. Dans la horde primitive,
les rapports humains se rangent sous deux catégories princi-
pales : la relation de convoitise et la relation d'autorité ; ce sont
celles-là que l'on retrouve obsessionnellement chez Racine.

Il y a deux Éros raciniens. Le premier naît entre les amants
d'une communauté très lointaine d'existence : ils ont été élevés
ensemble, ils s'aiment (ou l'un aime l'autre) depuis l'enfance
(Britannicus et Junie, Antiochus et Bérénice, Bajazet et Atalide) ;
la génération de l'amour comporte ici une durée, une maturation
insensible ; il y a en somme entre les deux partenaires une médiation, celle du temps, du Passé, bref d'une légalité : ce sont les
parents eux-mêmes qui ont fondé la légitimité de cet amour :
l'amante est une sœur dont la convoitise est autorisée, et par
conséquent pacifiée ; on pourrait appeler cet amour l'Éros sororal ; son avenir est paisible, il ne reçoit de contrariété que de
l'extérieur de lui-même ; on dirait que sa réussite tient à son
origine même : ayant accepté de naître à travers une médiation, le
malheur ne lui est pas fatal.

L'autre Amour, au contraire, est un amour immédiat ; il naît
brusquement ; sa génération n'admet aucune latence, il surgit à la
façon d'un événement absolu, ce qu'exprime en général
un passé défini brutal (*je le vis, elle me plut*, etc.). Cet Éros-Événement, c'est celui qui attache Néron à Junie, Bérénice à Titus,
Roxane à Bajazet, Ériphile à Achille, Phèdre à Hippolyte. Le
héros y est saisi, lié comme dans un rapt, et ce saisissement est
toujours d'ordre visuel (on y reviendra) : aimer, c'est voir. Ces
deux Éros sont incompatibles, on ne peut passer de l'un à l'autre,
de l'amour-ravissement (qui est toujours condamné) à l'amour-
durée (qui est toujours espéré), c'est là l'une des formes fondamentales de l'échec racinien. Sans doute, l'amant malheureux,

celui qui n'a pu *ravir*, peut toujours essayer de remplacer l'Éros immédiat par une sorte de substitut de l'Éros sororal ; il peut par exemple énumérer les *raisons* qu'on a de l'aimer [1], tenter d'introduire dans ce rapport manqué une médiation, faire appel à une causalité ; il peut s'imaginer qu'à force de le voir, on l'aimera, que la coexistence, fondement de l'amour sororal, finira par produire cet amour. Mais ce sont là précisément des *raisons*, c'est-à-dire un langage destiné à masquer l'échec inévitable. L'amour sororal est plutôt donné comme une utopie, un lointain très ancien ou très futur (dont la version institutionnelle serait le mariage, si important pour Racine). L'Éros réel, celui qui est *peint*, c'est-à-dire immobilisé dans le tableau tragique, c'est l'Éros immédiat. Et précisément, parce que c'est un Éros prédateur, il suppose toute une physique de l'image, une *optique,* au sens propre.

Nous ne connaissons rien de l'âge ni de la beauté des amoureux raciniens. Périodiquement, on mène bataille pour savoir si Phèdre est une très jeune femme ou Néron un adolescent, si Bérénice est une femme mûre, Mithridate un homme encore séduisant. On connaît certes les normes de l'époque ; on sait que *l'on pouvait déclarer son amour à une demoiselle de quatorze ans sans qu'elle puisse s'en offenser,* et que *la femme est laide après qu'elle a trente ans vécu.* Mais cela importe peu : la beauté racinienne est abstraite en ce sens qu'elle est toujours *nommée ;* Racine dit : Bajazet est aimable, Bérénice a de belles mains ; le concept débarrasse en quelque sorte de la chose [2]. On pourrait

---

1.   Ouvrez les yeux, Seigneur, et songeons entre nous
       Par combien de raisons Bérénice est à vous. (*Bér.* III, 2.)

       Quoi ! Madame, les soins qu'il a pris pour vous plaire,
       Ce que vous avez fait, ce que vous pouvez faire,
       Ses périls, ses respects, et surtout vos appas,
       Tout cela de son cœur ne vous répond-il pas ? (*Baj.* I, 3.)

2. Par exemple :

       Cette fière princesse a percé son beau sein…
       J'ai senti son beau corps tout froid entre mes bras… (*Théb.* V, 5.)

       On sait qu'elle est charmante, et de si belles mains
       Semblent vous demander l'empire des humains. (*Bér.* II, 2.)

       Bajazet est aimable ; il vit que son salut… (*Baj.* I, 2.)

dire qu'ici la beauté est une bienséance, un trait de classe, non une disposition anatomique : nul effort dans ce que l'on pourrait appeler l'adjectivité du corps.

Pourtant l'Éros racinien (du moins l'Éros immédiat dont il s'agira désormais ici) n'est jamais sublimé ; sorti tout armé, tout *fini*, d'une pure vision, il s'immobilise dans la fascination perpétuelle du corps adverse, il reproduit indéfiniment la scène originelle qui l'a formé (Bérénice, Phèdre, Ériphile, Néron, *revivent* la naissance de leur amour[1]) ; le récit que ces héros en font à leur confident n'est évidemment pas une information, mais un véritable protocole obsessionnel ; c'est d'ailleurs parce que, chez Racine, l'amour est une pure épreuve de fascination qu'il se distingue si peu de la haine ; la haine est ouvertement physique, elle est sentiment aigu de l'autre corps ; comme l'amour, elle naît de la vue, s'en nourrit, et comme l'amour, elle produit une vague de joie. Racine a très bien donné la théorie de cette haine charnelle dans sa première pièce, *La Thébaïde*[2].

Ce que Racine exprime immédiatement, c'est donc l'aliénation, ce n'est pas le désir. Ceci est évident si l'on examine la sexualité racinienne, qui est de situation plus que de nature. Dans Racine, le sexe lui-même est soumis à la situation fondamentale des figures tragiques entre elles, qui est une relation de force ; il n'y a pas de *caractères* dans le théâtre racinien (c'est pourquoi il est absolument vain de disputer sur l'individualité des personnages, de se demander si Andromaque est coquette ou Bajazet viril), il n'y a que des situations, au sens presque formel du terme : tout tire son être de sa place dans la constellation générale des forces et des faiblesses. La division du monde racinien en forts et en faibles, en tyrans et en captifs, est en quelque

---

1. D'une manière plus générale, le récit n'est nullement une partie morte de la tragédie ; bien au contraire, c'en est la partie fantasmatique, c'est-à-dire, en un sens, la plus profonde.
2. La théorie de la haine physique est donnée dans *La Thébaïde,* IV, 1. La féodalité avait sublimé l'Éros des adversaires en soumettant le corps à corps à un rituel chevaleresque. On trouve une trace de cette sublimation dans *Alexandre* (conflit entre Alexandre et Porus) : Alexandre est chevaleresque – mais il est précisément hors de la tragédie.

sorte extensive au partage des sexes ; c'est leur situation dans le
rapport de force qui verse les uns dans la virilité et les autres
dans la féminité, sans égard à leur sexe biologique. Il y a des
femmes viriloïdes (il suffit qu'elles participent au Pouvoir :
Axiane, Agrippine, Roxane, Athalie). Il y a des hommes fémi-
noïdes, non par caractère, mais par situation : Taxile, dont la
lâcheté est mollesse, ouverture devant la force d'Alexandre ;
Bajazet, à la fois captif et convoité, promis par une alternative
proprement racinienne au meurtre ou au viol ; Hippolyte, qui est
au pouvoir de Phèdre, désiré d'elle et de plus vierge (Racine a
tenté de « déféminiser » Hippolyte en le rendant amoureux
d'Aricie, mais sans succès, comme l'atteste le jugement des
contemporains : la situation initiale était trop forte) ; Britannicus
enfin, haï de Néron, n'en est pas moins dans un certain rapport
érotique avec lui, car il suffit que la haine coïncide avec le
Pouvoir pour que les sexes se partagent : Néron jouit de la souffrance de Britannicus comme de celle d'une femme aimée et tor-
turée [1]. On voit apparaître ici une première esquisse de la fatalité
racinienne : un simple rapport, à l'origine purement circonstanciel (captivité ou tyrannie), est converti en véritable donnée
biologique, la situation en sexe, le hasard en essence.

Les constellations changent peu dans la tragédie, et la sexualité y est en général immobile. Mais si par extraordinaire, le rapport de force cède, si la tyrannie faiblit, le sexe lui-même tend à
se modifier, à s'invertir : il suffit qu'Athalie, la plus virile des
femmes raciniennes, sensible au « charme » de Joas, desserre son
pouvoir, pour que sa sexualité se trouble : dès que la constellation
fait mine de se modifier, une division nouvelle touche l'être, un
sexe nouveau apparaît, Athalie *devient* femme [2]. Inversement, les

---

1. Le rapport érotique entre Néron et Britannicus est explicite dans Tacite.
Quant à Hippolyte, Racine l'a fait amoureux d'Aricie, de peur que le public ne le
prît pour un inverti.

2.   Ami, depuis deux jours, je ne la connais plus.
     Ce n'est plus cette reine éclairée, intrépide,
     Elevée au-dessus de son sexe timide…
     Elle flotte, elle hésite ; en un mot, elle est femme. (*Ath.* III, 3.)

personnages qui sont par condition hors de tout rapport de force
(c'est-à-dire hors de la tragédie) n'ont aucun sexe. Confidents,
domestiques, conseillers (Burrhus, par exemple, rejeté dédai-
gneusement hors d'Éros par Néron [1]) n'accèdent jamais à l'existence sexuelle. Et c'est évidemment dans les êtres les plus manifestement asexués, la matrone (Œnone) ou l'eunuque (Acomat)
que se déclare l'esprit le plus contraire à la tragédie, l'esprit de
viabilité : seule l'absence de sexe peut autoriser à définir la vie,
non comme un rapport critique de forces, mais comme une durée
et cette durée comme une valeur. Le sexe est un privilège tragique dans la mesure où il est le premier attribut du conflit
original : ce ne sont pas les sexes qui font le conflit, c'est le
conflit qui définit les sexes.

Le trouble

C'est donc l'aliénation qui constitue l'Éros racinien. Il s'en-
suit que le corps humain n'est pas traité en termes plastiques,
mais en termes magiques. On l'a vu, l'âge ni la beauté n'ont ici
aucune épaisseur : le corps n'est jamais donné comme objet
apollinien (l'apollinisme est pour Racine une sorte d'attribut
canonique de la mort, où le corps devient statue, c'est-à-dire
passé glorifié, *arrangé*). Le corps racinien est essentiellement
émoi, défection, désordre. Les vêtements – dont on sait qu'ils
prolongent le corps d'une façon ambiguë, à la fois pour le masquer et pour l'afficher – ont à charge de théâtraliser l'état du
corps : ils pèsent s'il y a faute, ils se défont s'il y a désarroi ; le
geste implicite, ici, c'est la mise à nu (Phèdre, Bérénice,
Junie [2]), la démonstration simultanée de la faute et de la séduction, car chez Racine, le désordre charnel est toujours d'une cer-

---

1. Mais, croyez-moi, l'amour est une autre science,
    Burrhus ; et je ferais quelque difficulté
    D'abaisser jusque-là votre sévérité. (*Brit.* III, 1.)

2. Belle, sans ornements, dans le simple appareil
    D'une beauté qu'on vient d'arracher au sommeil. (*Brit.* II, 2.)

taine manière chantage, tentative d'apitoiement (parfois poussée jusqu'à la provocation sadique[1]). Telle est la fonction implicite de tous les troubles physiques, si abondamment notés par Racine : la rougeur, la pâleur, la succession brusque de l'une et de l'autre, les soupirs, les pleurs enfin, dont on sait le pouvoir érotique : il s'agit toujours d'une réalité ambiguë, à la fois expression et acte, refuge et chantage : bref le désordre racinien est essentiellement un *signe,* c'est-à-dire un signal et une commination.

L'émoi le plus spectaculaire, c'est-à-dire le mieux accordé à la tragédie, c'est celui qui atteint l'homme racinien dans son centre vital, dans son langage[2]. L'interdiction de parole, dont certains auteurs ont suggéré la nature sexuelle, est très fréquente chez le héros racinien : elle exprime parfaitement la stérilité de la relation érotique, son immobilité : pour pouvoir rompre avec Bérénice, Titus se fait aphasique, c'est-à-dire que d'un même mouvement, il se dérobe et s'excuse : le *je vous aime trop* et le *je ne vous aime pas assez* trouvent ici, économiquement, un signe commun. Fuir la parole, c'est fuir la relation de force, c'est fuir la tragédie : seuls les héros extrêmes peuvent atteindre cette limite (Néron, Titus, Phèdre), d'où leur partenaire tragique les ramène aussi vite que possible, en les *contraignant* en quelque sorte à retrouver un langage (Agrippine, Bérénice, Œnone). Le mutisme a un correspondant gestuel, l'évanouissement, ou tout au moins sa version noble, l'affaissement. Il s'agit toujours d'une sorte d'acte bilingue : comme fuite, la paralysie tend à nier l'ordre tragique ; comme chantage, elle participe encore à la

---

Laissez-moi relever ces voiles détachés,
Et ces cheveux épars dont vos yeux sont cachés. (*Bér.* IV, 2.)

Que ces vains ornements, que ces voiles me pèsent ! (*Phèd.* I, 3.)

1. Laisse, laisse, Phénice, il verra son ouvrage… (*Bér.* IV, 2.)

2. Notamment :
J'ai voulu lui parler, et ma voix s'est perdue… (*Brit.* II, 2.)

Et dès le premier mot, ma langue embarrassée
Dans ma bouche vingt fois a demeuré glacée. (*Bér.* II, 2.)

Mes yeux ne voyaient plus, je ne pouvais parler. (*Phèd.* I, 3.)

relation de force. Chaque fois qu'un héros racinien recourt au désordre corporel, c'est donc l'indice d'une mauvaise foi tragique : le héros *ruse* avec la tragédie. Toutes ces conduites tendent en effet à une déception du réel tragique, elles sont démission (ambiguë d'ailleurs, puisque démissionner de la tragédie, c'est peut-être retrouver le monde), elles simulent la mort, elles sont des morts paradoxales, des morts utiles, puisqu'on en revient. Naturellement, le trouble est un privilège du héros tragique, car lui seul est engagé dans une relation de force. Les confidents peuvent participer à l'émoi du maître – plus souvent tenter de le calmer ; mais ils ne disposent jamais du langage rituel de l'émoi : une bonne ne s'évanouit pas. Par exemple : le héros tragique ne peut pas dormir (sauf s'il est monstre, comme Néron, d'un mauvais sommeil) ; Arcas dort, Agamemnon veille – ou mieux encore, forme noble du repos parce que tourmentée, il rêve.

En somme l'Éros racinien ne met les corps en présence que pour les défaire. La vue du corps adverse trouble le langage[1] et le dérègle, soit qu'elle l'exagère (dans les discours excessivement rationalisés), soit qu'elle le frappe d'interdit. Le héros racinien ne parvient jamais à une conduite *juste* en face du corps d'autrui : la fréquentation réelle est toujours un échec. N'y a-t-il donc aucun moment où l'Éros racinien soit heureux ? Si, précisément lorsqu'il est irréel. Le corps adverse est bonheur seulement lorsqu'il est image ; les moments réussis de l'érotique racinienne sont toujours des souvenirs.

---

1. Naturellement, la fascination du corps adverse se produit aussi dans les situations de haine. Voici comment Néron décrit son rapport à Agrippine :

> Eloigné de ses yeux, j'ordonne, je menace…
> Mais (je t'expose ici mon âme toute nue)
> Sitôt que mon malheur me ramène à sa vue,
> Soit que je n'ose encor démentir le pouvoir
> De ces yeux où j'ai lu si longtemps mon devoir…
> Mais enfin mes efforts ne me servent de rien ;
> Mon génie étonné tremble devant le sien (*Brit.* II, 2.)

La « scène » érotique

L'Éros racinien ne s'exprime jamais qu'à travers le récit. L'imagination est toujours rétrospective et le souvenir a toujours l'acuité d'une image, voilà le protocole qui règle l'échange du réel et de l'irréel. La naissance de l'amour est rappelée comme une véritable « scène » : le souvenir est si bien ordonné qu'il est parfaitement disponible, on peut le rappeler à loisir, avec la plus grande chance d'efficacité. Ainsi Néron revit le moment où il est devenu amoureux de Junie, Ériphile celui où Achille l'a séduite, Andromaque celui où Pyrrhus s'est offert à sa haine (puisque la haine ne suit pas d'autre procès que l'amour) ; Bérénice revoit avec un trouble amoureux l'apothéose de Titus, Phèdre s'émeut de retrouver dans Hippolyte l'*image* de Thésée. Il y a là comme une sorte de transe : le passé redevient présent sans cesser pourtant d'être organisé comme un souvenir : le sujet vit la scène sans être submergé ni déçu par elle. La rhétorique classique possédait une figure pour exprimer cette imagination du passé, c'était l'hypotypose (*Figure-toi Pyrrhus, les yeux étincelants...*) ; un traité de l'époque[1] dit que dans l'hypotypose, *l'image tient lieu de la chose* : on ne peut mieux définir le fantasme. Ces scènes érotiques sont en effet de véritables fantasmes, rappelés pour alimenter le plaisir ou l'*aigreur*, et soumis à tout un protocole de répétition. Le théâtre racinien connaît d'ailleurs un état encore plus explicite du fantasme érotique, c'est le rêve : le songe d'Athalie est, dans la lettre, une prémonition ; mythiquement, c'est une rétrospection : Athalie ne fait que revivre l'Éros qui la lie au jeune enfant (c'est-à-dire, une fois de plus, la scène où elle l'a vu pour la première fois).

En un mot, dans l'érotique racinienne, le réel est sans cesse déçu et l'image gonflée : le souvenir reçoit l'héritage du fait : il *emporte*[2]. Le bénéfice de cette déception, c'est que l'image

---

1. P. Bernard Lamy, *La Rhétorique ou l'Art de parler* (1675).
2. Mais, Phénice, où m'emporte un souvenir charmant ? (*Bér.* I, 5.)

érotique peut être *arrangée*. Ce qui frappe dans le fantasme racinien (et qui est sa grande beauté), c'est son aspect plastique :
l'enlèvement de Junie, le rapt d'Ériphile, la descente de Phèdre
au Labyrinthe, le triomphe de Titus et le songe d'Athalie sont
des *tableaux,* c'est-à-dire qu'ils se rangent délibérément sous les
normes de la peinture : non seulement ces scènes sont compo-
sées, les personnages et les objets y ont une disposition calculée
en vue d'un sens global, elles appellent le voyeur (et le lecteur)
à une participation intelligente, mais aussi et surtout elles ont de
la peinture la spécialité même : le coloris ; rien de plus près du
fantasme racinien qu'un tableau de Rembrandt, par exemple :
dans les deux cas, la matière est organisée dans son immatéria-
lité même, c'est la *surface* qui est créée.

Tout fantasme racinien suppose – ou produit – un combinat
d'ombre et de lumière. L'origine de l'ombre, c'est la captivité.
Le tyran voit la prison comme une ombre où se plonger et
s'apaiser. Toutes les captives raciniennes (il y en a presque une
par tragédie) sont des vierges médiatrices et consolatrices ; elles
donnent à l'homme la *respiration* (ou du moins c'est ce qu'il
leur demande). Alexandre solaire aime en Cléofile sa prison-
nière ; Pyrrhus, doué d'éclat, trouve dans Andromaque l'ombre
majeure, celle du tombeau où les amants s'ensevelissent dans
une paix commune[1] ; pour Néron, incendiaire, Junie est à la fois
l'ombre et l'eau (les pleurs)[2] ; Bajazet est un être d'ombre,
confiné dans le Sérail ; Mithridate compense tout le large de ses
expéditions guerrières par la seule captive Monime (cet échange
est chez lui une comptabilité ouvertement déclarée) ; Phèdre,
fille du Soleil, désire Hippolyte, l'homme de l'ombre végétale,

---

1. Le tombeau à trois est même un tombeau à quatre dans la scène supprimée :
   Pyrrhus de mon Hector semble avoir pris la place. (*And.* V, 3.)

2. Fidèle à sa douleur et dans l'ombre enfermée… (*Brit.* II, 2.)

    Ces trésors dont le Ciel voulut vous embellir,
    Les avez-vous reçus pour les ensevelir ? (II, 3.)

    Et pouvez-vous, Seigneur, souhaiter qu'une fille
    Qui vit presque en naissant éteindre sa famille,
    Qui, dans l'obscurité nourrissant sa douleur… (II, 3.)

des forêts ; l'impérial Assuérus choisit la timide Esther, dans l'ombre élevée ; Athalie enfin s'émeut d'Éliacin, captif du Temple. Partout, toujours, la même constellation se reproduit, du soleil inquiétant et de l'ombre bénéfique.

Peut-être cette ombre racinienne est-elle plus une substance qu'une couleur ; c'est sa nature unie et pourrait-on dire *étalée* qui fait de l'ombre un bonheur. L'ombre est nappe, en sorte qu'à la limite il est possible de concevoir une lumière heureuse, à condition qu'elle possède cette même égalité de substance : c'est le *jour* (et non le soleil, meurtrier parce qu'il est éclat, événement et non milieu). L'ombre n'est pas ici un thème saturnien, elle est un thème de dénouement, d'effusion, et c'est très exactement l'utopie du héros racinien, dont le mal est la constriction. L'ombre est d'ailleurs associée à une autre substance effusive, les pleurs. Le ravisseur d'ombre est aussi un ravisseur de larmes : pour Britannicus, captif, donc lui-même ombreux, les larmes de Junie ne sont qu'un témoignage d'amour, un signe intellectif ; pour Néron, solaire, ces mêmes larmes le nourrissent à la façon d'un aliment étrange, précieux ; elles ne sont plus signe mais image, objet détaché de leur intention, dont on peut se repaître en soi, dans leur seule substance, comme d'une nourriture fantasmatique.

Inversement, ce qui est dénoncé dans le Soleil, c'est sa discontinuité. L'apparition quotidienne de l'astre est une blessure infligée au milieu naturel de la Nuit [1] ; alors que l'ombre peut tenir, c'est-à-dire durer, le Soleil ne connaît qu'un développement critique, par surcroît de malheur inexorablement répété (il y a un accord de nature entre la nature solaire du climat tragique et le temps vendettal, qui est une pure répétition). Né le plus souvent avec la tragédie même (qui est une journée), le Soleil devient meurtrier en même temps qu'elle : incendie, éblouissement, blessure oculaire, c'est l'éclat (des Rois, des Empereurs). Sans doute si le soleil parvient à s'égaliser, à se tempérer, à *se retenir,* en

---

1. O toi, Soleil, ô toi qui rends le jour au monde,
   Que ne l'as-tu laissé dans une nuit profonde ! (*Théb.* I, 1.)

Ce n'est pas pour rien que Racine écrivait d'Uzès (en 1662) :

Et nous avons des nuits plus belles que vos jours.

quelque sorte, il peut retrouver une *tenue* paradoxale, la splendeur. Mais la splendeur n'est pas une qualité propre à la lumière,
c'est un état de la matière : il y a une splendeur de la nuit.

Le tenebroso *racinien*

Nous voilà au cœur du fantasme racinien : l'image transpose
dans la disposition de ses substances l'antagonisme même, ou,
pour mieux dire, la dialectique du bourreau et de la victime ;
l'image est un conflit *peint*, théâtralisé, elle joue le réel, sous les
espèces de substances antinomiques ; la scène érotique est
théâtre dans le théâtre, elle cherche à *rendre* le moment le plus
vivant mais aussi le plus fragile de la lutte, celui où l'ombre va
être pénétrée d'éclat. Car il s'agit ici d'une véritable inversion de
la métaphore courante : dans le fantasme racinien, ce n'est pas la
lumière qui est noyée d'ombre ; l'ombre n'envahit pas. C'est le
contraire : l'ombre se transperce de lumière, l'ombre se corrompt, résiste et s'abandonne. C'est ce pur suspens, c'est
l'atome fragile de durée où le soleil *fait voir* la nuit sans encore
la détruire, qui constitue ce que l'on pourrait appeler le *tenebroso* racinien. Le clair-obscur est la matière sélective du déchiffrement[1], et c'est bien ce qu'est le *tenebroso* racinien : à la fois
tableau et théâtre, tableau vivant, si l'on veut, c'est-à-dire mouvement figé, offert à une lecture infiniment répétée. Les grands
tableaux raciniens[2] présentent toujours ce grand combat
mythique (et théâtral) de l'ombre et de la lumière[3] : d'un côté, la

---

1. Roland Kuhn, *Phénoménologie du masque à travers le test de Rorschach*,
Desclée de Brouwer.

2. Voici ces grands tableaux raciniens :

> L'enlèvement de Junie. (*Brit* II, 2.)
> Le triomphe de Titus. (*Bér.* I, 5.)
> Pyrrhus criminel. (*Andr.* I, 5.)
> Le rapt d'Ériphile. (*Iph.* II, 1.)
> Le songe d'Athalie. (*Ath.* II, 5.)

3. Ce combat mythique est esquissé sous une autre forme dans les *marines*
raciniennes, incendies de vaisseaux sur la mer.

nuit, les ombres, les cendres, les larmes, le sommeil, le silence, la douceur timide, la présence continue ; de l'autre, tous les objets de la stridence : les armes, les aigles, les faisceaux, les flambeaux, les étendards, les cris, les vêtements éclatants, le lin, la pourpre, l'or, l'acier, le bûcher, les flammes, le sang. Entre ces deux classes de substances, un échange toujours menaçant, mais jamais accompli, que Racine exprime par un mot propre, le verbe *relever* [1], qui désigne l'acte constitutif (et combien savoureux) du *tenebroso*.

On comprend pourquoi il y a chez Racine ce que l'on pourrait appeler un fétichisme des yeux [2]. Les yeux sont par nature de la lumière offerte à l'ombre : ternis par la prison, ennuagés par les larmes. L'état parfait du *tenebroso* racinien, ce sont des yeux en larmes et levés vers le ciel [3]. C'est là un geste qui a été souvent traité par les peintres, comme symbole de l'innocence martyrisée. Dans Racine, il est sans doute cela, mais il résume surtout un sens personnel de la substance : non seulement la lumière s'y purifie d'eau, perd de son éclat, s'étale, devient nappe heureuse, mais le mouvement ascensionnel lui-même indique peut-être moins une sublimation qu'un souvenir, celui de la terre, de l'obscurité dont ces yeux sont partis : c'est un mouvement qui est ici saisi dans son entretien même, en sorte qu'il représente simultanément par un paradoxe précieux les deux termes du conflit – et du plaisir.

On voit pourquoi l'image ainsi constituée a un pouvoir de traumatisme : extérieure au héros à titre de souvenir, elle lui représente le conflit où il est engagé comme un objet. Le *tenebroso* racinien constitue une véritable *photogénie*, non seulement parce que l'objet y est purifié de ses éléments inertes et que tout en lui brille ou s'éteint, c'est-à-dire signifie ; mais

---

1.   … Relevaient de ses yeux les timides douceurs (*Brit.* II, 2.)

2. Problème abordé par G. May (*D'Ovide à Racine*) et J. Pommier (*Aspects de Racine*).

3.   Triste, levant au ciel ses yeux mouillés de larmes… (*Brit.* II, 2.)
        De mes larmes au Ciel j'offrais le sacrifice. (*Esth.* I, 1.)

encore parce que, donné comme un tableau, il dédouble l'ac-
teur-tyran (ou l'acteur-victime), fait de lui un spectateur, lui
permet de recommencer sans fin devant lui-même l'acte
sadique (ou masochiste). C'est ce dédoublement qui fait toute
l'érotique racinienne; Néron, dont l'Éros est purement imagi-
naire[1], organise sans cesse entre Junie et lui une scène iden-
tique, dont il est à la fois acteur et spectateur, et qu'il règle
jusque dans ses *ratés* très subtils, tirant son plaisir d'un *retard*
à demander pardon pour les larmes que l'on provoque (jamais
la réalité ne pourrait garantir un temps si bien ajusté) et dis-
posant enfin par le souvenir d'un objet à la fois assujetti et
inflexible[2]. Cette précieuse imagination, qui permet à Néron
de conduire à sa guise le rythme d'amour, Ériphile l'emploie
à débarrasser la figure du héros aimé de ses éléments éroti-
quement inutiles; d'Achille, elle ne rappelle (sans cesse) que
ce bras sanglant qui l'a possédée, et dont la nature phallique
est, je suppose, suffisamment évidente[3]. Ainsi le tableau racinien est toujours une véritable anamnèse : le héros tente sans
cesse de remonter à la source de son échec; mais comme cette

1.   Je me fais de sa peine une image charmante. (*Brit.* II, 8.)

2.   J'aimais jusqu'à ses pleurs que je faisais couler.
       Quelquefois, mais trop tard, je lui demandais grâce. (*Brit.* II, 2.)

3.   Cet Achille, l'auteur de tes maux et des miens,
       Dont la sanglante main m'enleva prisonnière…
       Dans les cruelles mains par qui je fus ravie
       Je demeurai longtemps sans lumière et sans vie.
       Enfin mes tristes yeux cherchèrent la clarté;
       Et me voyant presser d'un bras ensanglanté
       Je frémissais, Doris, et d'un vainqueur sauvage
       Craignais de rencontrer l'effroyable visage. (*Iph.* II, 1.)

Iphigénie devine très bien – ce qui est remarquable pour une jeune fille aussi
vertueuse – la nature exacte du traumatisme amoureux chez Ériphile. Il est vrai
que la jalousie lui donne de l'intuition :

                  Oui, vous l'aimez, perfide.
       Et ces mêmes fureurs que vous me dépeignez,
       Ces bras que dans le sang vous avez vus baignés,
       Ces morts, cette Lesbos, ces cendres, cette flamme,
       Sont les traits dont l'amour l'a gravé dans votre âme. (*Iph.* II, 5.)

source est son plaisir même, il se fige dans son passé : Éros est en lui une force rétrospective : l'image est répétée, jamais dépassée.

La relation fondamentale

Nous voici donc renvoyés à une relation humaine dont l'érotique n'est que le relais. Le conflit est fondamental chez Racine, on le trouve dans toutes ses tragédies. Il ne s'agit nullement d'un conflit d'amour, celui qui peut opposer deux êtres dont l'un aime et l'autre n'aime pas. Le rapport essentiel est un rapport d'autorité, l'amour ne sert qu'à le *révéler*. Ce rapport est si général, si formel pourrait-on dire, que je n'hésiterai pas à le représenter sous l'espèce d'une double équation :

A a tout pouvoir sur B.

A aime B, qui ne l'aime pas.

Mais ce qu'il faut bien marquer, c'est que le rapport d'autorité est extensif au rapport amoureux. La relation d'amour est beaucoup plus fluide : elle peut être masquée (Athalie et Joas), problématique (il n'est pas sûr que Titus aime Bérénice), pacifiée (Iphigénie aime son père), ou inversée (Ériphile aime son geôlier). La relation d'autorité, au contraire, est constante et explicite ; elle ne touche pas seulement un même couple tout au long d'une tragédie[1] ; elle peut se révéler fragmentairement ici et là ; on la retrouve sous des formes variées, élargies, parfois brisées, mais toujours reconnaissables : par exemple, dans *Bajazet,* la relation d'autorité se dédouble : Amurat a tout pouvoir sur Roxane, qui a tout pouvoir sur Bajazet ; dans *Bérénice,*

---

1. Voici les couples fondamentaux de la relation de force (il peut y en avoir d'autres, épisodiques) : Créon et Antigone. – Taxile et Axiane. – Pyrrhus et Andromaque. – Néron et Junie. – Titus et Bérénice (relation problématique, ou disjointe). – Roxane et Bajazet. – Mithridate et Monime. – Agamemnon et Iphigénie (relation pacifiée). – Phèdre et Hippolyte. – Mardochée et Esther (relation pacifiée). – Athalie et Joas. Ces couples sont *complets,* individualisés autant que la figure le permet. Quand la relation est plus diffuse, elle n'en reste pas moins capitale (les Grecs – Pyrrhus, Agrippine – Néron, Mithridate et ses fils, les dieux et Ériphile, Mardochée et Aman, Dieu et Athalie).

au contraire, la double équation se disjoint : Titus a tout pouvoir
sur Bérénice (mais ne l'aime pas) ; Bérénice aime Titus (mais
n'a aucun pouvoir sur lui) : c'est d'ailleurs ici cette disjonction
des rôles dans deux personnes différentes qui fait avorter la tragédie. Le second membre de l'équation est donc fonctionnel par
rapport au premier : le théâtre de Racine n'est pas un théâtre
d'amour : son sujet est l'usage d'une force au sein d'une situation généralement amoureuse (mais pas forcément : que l'on
songe à Aman et Mardochée) : c'est l'ensemble de cette situation que Racine appelle la *violence* [1] ; son théâtre est un théâtre
de la violence.

  Les sentiments réciproques de A et de B n'ont d'autre fondement que la situation originelle dans laquelle ils sont placés par
une sorte de pétition de principe, qui est vraiment l'acte créateur
du poète : l'un est puissant, l'autre est sujet, l'un est tyran,
l'autre est captif, mais ce rapport ne serait rien s'il ne se doublait
d'une véritable contiguïté : A et B sont enfermés dans le même
lieu : c'est finalement l'espace tragique qui fonde la tragédie. A
part cette *disposition,* le conflit reste toujours immotivé ; dès *La
Thébaïde,* Racine a précisé que les mobiles apparents d'un
conflit (ici une soif commune de régner) sont illusoires : ce sont
des « rationalisations » postérieures. Le sentiment va chercher
dans l'autre son essence, non ses attributs : c'est à force de se
haïr que les partenaires raciniens se font être : Etéocle hait
Polynice, non son orgueil. La place (contiguïté ou hiérarchie) est
immédiatement convertie en essence : c'est parce que l'autre *est
là,* qu'il aliène : Aman souffre le martyre de voir Mardochée
immobile à la porte du Palais ; Néron ne peut supporter que sa
mère soit *physiquement* sur le même trône que lui. C'est
d'ailleurs cet *être-là* du partenaire qui contient en germe le
meurtre : réduit obstinément à une horrible contrainte spatiale, le
rapport humain ne peut s'éclaircir qu'en se nettoyant : il faut que
ce qui occupe une place en disparaisse, il faut que la vue soit
débarrassée : l'autre est un corps entêté qu'il faut posséder ou

----

1. Violence : « contrainte exercée sur quelqu'un pour l'obliger à faire ce qu'il
ne veut pas ».

détruire. Le radicalisme de la solution tragique tient à la simplicité du problème initial : toute la tragédie semble tenir dans un vulgaire *pas de place pour deux*. Le conflit tragique est une crise d'espace.

Comme l'espace est clos, la relation est immobile. Au départ, tout favorise A, puisqu'il tient B à sa merci et que c'est précisément B qu'il veut. Et en un sens, la plupart des tragédies de Racine sont des viols virtuels : B n'échappe à A que par la mort, le crime, l'accident ou l'exil ; lorsque la tragédie est oblative *(Mithridate)* ou réconciliée *(Esther),* ce n'est que par la mort du tyran (Mithridate) ou celle d'une victime expiatoire (Aman). Ce qui suspend le meurtre, l'immobilise, c'est une alternative : A est pour ainsi dire figé entre le meurtre brut et la générosité impossible ; selon le schéma sartrien classique, c'est la liberté de B que A veut posséder par la force ; autrement dit, il est engagé dans un paradoxe insoluble : s'il possède, il détruit, s'il reconnaît, il se frustre ; il ne peut choisir entre un pouvoir absolu et un amour absolu, entre le viol et l'oblation. La tragédie est précisément la représentation de cette immobilité.

Un bon exemple de cette dialectique impuissante, c'est le rapport d'obligation qui unit la plupart des couples raciniens. Située d'abord dans le ciel de la morale la plus sublime *(Je vous dois tout,* dit le sujet racinien à son tyran), la reconnaissance se révèle bientôt comme un poison. On sait l'importance de l'ingratitude dans la vie de Racine (Molière, Port-Royal). Le monde racinien est fortement comptabilisé : on y suppute sans cesse des bienfaits et des obligations : par exemple, Néron, Titus, Bajazet *se* doivent à Agrippine, Bérénice, Roxane : la vie de B est la propriété de A en fait et en droit. Mais c'est *précisément* parce que la relation est obligatoire qu'elle est bloquée : c'est *parce que* Néron doit le trône à Agrippine qu'il la tuera. La nécessité en quelque sorte mathématique d'être reconnaissant désigne le lieu et le moment de la rébellion : l'ingratitude est la forme obligée de la liberté. Sans doute, chez Racine, cette ingratitude n'est pas toujours assumée : Titus met beaucoup de formes à être ingrat ; si elle est difficile, c'est qu'elle est vitale, elle concerne la vie même du héros ; le modèle de l'ingratitude

racinienne est en effet parentale : le héros doit être reconnaissant envers son tyran, exactement comme l'enfant envers les
parents qui lui ont donné la vie. Mais par là même, être ingrat
c'est naître de nouveau. L'ingratitude est ici un véritable accouchement (d'ailleurs manqué). Formellement, l'obligation (son
nom l'indique assez) est un lien, c'est-à-dire, en termes raciniens, le signal même de l'intolérable : on ne peut la rompre que
par une véritable secousse, une détonation catastrophique.

Techniques d'agression

Telle est la relation d'autorité : une véritable fonction : le
tyran et le sujet sont attachés l'un à l'autre, vivent l'un par
l'autre, ils tirent leur être de leur situation par rapport à l'autre.
Il ne s'agit donc nullement d'un rapport d'inimitié. Chez Racine,
il n'y a jamais d'adversaire, au sens rituel que ce mot pouvait
avoir dans la féodalité ou encore chez Corneille ; le seul héros
chevaleresque du théâtre racinien est Alexandre (il nous
explique lui-même avec quelle gourmandise il recherche le
« bon ennemi [1] »), et Alexandre n'est pas un héros tragique. Il y
a des ennemis qui s'entendent pour être ennemis, c'est-à-dire qui
sont en même temps des complices. La forme du combat n'est
donc pas l'affrontement, mais le règlement de comptes : il s'agit
de jouer à la liquidation.

Toutes les offensives de A visent à donner à B l'être même
du néant : il s'agit en somme de faire vivre l'autre comme une
nullité, de faire *exister,* c'est-à-dire durer, sa négation, il s'agit
de lui voler continûment son être, et de faire de cet état dérobé
le nouvel être de B. Par exemple, A crée entièrement B, le tire
du néant et l'y replonge à volonté (ainsi fait Roxane de

---

1.   Oui, j'ai cherché Porus ; mais quoi qu'on puisse dire,
      Je ne le cherchais pas afin de le détruire.
      J'avouerai que brûlant de signaler mon bras,
      Je me laissai conduire au bruit de ses combats,
      Et qu'au seul nom d'un roi jusqu'alors invincible,
      A de nouveaux exploits mon cœur devint sensible. (*Alex.* IV, 2.)

Bajazet[1] ; ou bien il provoque en lui une crise d'identité : la pression tragique par excellence consiste à forcer l'autre à se demander : *qui suis-je ?* (Ériphile, Joas). Ou bien encore, A donne à B la vie d'un pur reflet ; on sait que le thème du miroir, ou du double, est toujours un thème de frustration : ce thème est abondant chez Racine : Néron est le reflet d'Agrippine[2], Antiochus celui de Titus, Atalide celui de Roxane ; il y a d'ailleurs un objet racinien qui exprime cette sujétion spéculaire, c'est le *voile* : A se cache derrière un voile comme la source d'une image semble se cacher derrière un miroir. Ou bien encore, A brise l'enveloppe de B par une sorte d'agression policière : Agrippine veut posséder les secrets de son fils, Néron perce Britannicus, en fait une pure transparence ; il n'est pas jusqu'à Aricie qui ne veuille faire éclater dans Hippolyte le secret de sa virginité, comme on fait sauter une carapace[3].

On le voit, il s'agit toujours de frustrations beaucoup plus que de vols (et c'est ici que l'on pourrait parler de sadisme racinien) : A donne pour reprendre, voilà sa technique essentielle d'agression ; il cherche à infliger à B le supplice d'une jouissance (ou d'un espoir) interrompue. Agrippine cache à Claude

1. Songez-vous que je tiens les portes du palais,
    Que je puis vous l'ouvrir ou fermer pour jamais,
    Que j'ai sur votre vie un empire suprême,
    Que vous ne respirez qu'autant que je vous aime ?...
    Rentre dans le néant dont je t'ai fait sortir. (*Baj.* II, 1.)

2. Non, non, le temps n'est plus que Néron, jeune encore,
    Me renvoyait les vœux d'une cour qui l'adore,
    Lorsqu'il se reposait sur moi de tout l'État,
    Que mon ordre au palais assemblait le sénat,
    Et que derrière un voile, invisible et présente... (*Brit.* I, 1.)

3. Mais de faire fléchir un courage inflexible,
    De porter la douleur dans une âme sensible,
    D'enchaîner un captif de ses fers étonné
    Contre un joug qui lui plaît vainement mutiné :
    C'est là ce que je veux, c'est là ce qui m'irrite. (*Phèd.* II, 1.)

Pour Phèdre, qui aime Hippolyte d'une tout autre manière, ce mouvement devient positif, maternel : elle veut accompagner Hippolyte au Labyrinthe, se faire avec lui (et non contre lui) accoucheuse de secret.

mourant les pleurs de son fils, Junie échappe à Néron au moment même où il croit la tenir, Hermione se réjouit de cacher Andromaque à Pyrrhus, Néron impose à Junie de glacer Britannicus, etc. La souffrance elle-même peut être déçue, et c'est peut-être là le grief majeur du héros racinien contre la divinité : qu'elle n'assure même pas le malheur : c'est ce que Jocaste reproche amèrement aux dieux[1]. L'image la plus complète de cette déception fondamentale est donnée dans le songe d'Athalie : Athalie tend les mains vers sa mère pour l'embrasser, mais elle ne touche qu'un néant horrible[2]. La frustration peut être même une sorte de dérivation, de vol ou d'attribution indue : Antiochus, Roxane reçoivent les marques d'un amour qui n'est pas pour eux.

L'arme commune de toutes ces annulations, c'est le Regard : regarder l'autre, c'est le désorganiser, puis le fixer dans son désordre, c'est-à-dire le maintenir dans l'être même de sa nullité. La riposte de B tient tout entière dans sa parole, qui est vraiment ici l'arme du faible. C'est en *parlant* son malheur que le sujet essaie d'atteindre son tyran. La première agression de B, c'est la plainte : il en submerge le maître ; c'est une plainte de l'injustice, non du malheur ; la plainte racinienne est toujours vaniteuse et revendicative, fondée sur une bonne conscience ; on se plaint pour réclamer, mais on réclame sans se révolter ; on prend implicitement le Ciel à témoin, c'est-à-dire que l'on fait du tyran un objet sous le regard de Dieu. La plainte d'Andromaque est le modèle de toutes ces plaintes raciniennes, semées de reproches indirects et masquant l'agression sous la déploration.

La seconde arme du sujet, c'est la menace de mort. C'est un paradoxe précieux que la tragédie soit un ordre profond de l'échec, et que pourtant, ce qui pourrait passer pour l'échec

---

1. (Le Ciel.)
   Ainsi, toujours cruel, et toujours en colère,
   Il feint de s'apaiser, et devient plus sévère :
   Il n'interrompt ses coups que pour les redoubler,
   Et retire son bras pour me mieux accabler. *(Théb.* III, 3.)

2.   Et moi, je lui tendais les mains pour l'embrasser.
     Mais je n'ai plus trouvé qu'un horrible mélange… *(Ath.* II, 5.)

suprême, la mort, n'y soit jamais sérieuse. La mort est ici un nom, la partie d'une grammaire, le terme d'une contestation. Très souvent, la mort n'est qu'une façon d'indiquer l'état absolu d'un sentiment, une sorte de superlatif destiné à signifier un comble, un verbe de forfanterie. La légèreté avec laquelle le personnel tragique manie l'idée de la mort (l'annonçant bien plus souvent qu'il ne l'accomplit) atteste une humanité encore infantile, où l'homme n'est pas pleinement accompli : en face de toute cette rhétorique funèbre, il faut placer le mot de Kierkegaard : *plus haut on place l'homme, plus terrible est la mort.* La mort tragique n'est pas terrible ; c'est la plupart du temps une catégorie grammaticale vide. Elle s'oppose d'ailleurs au *mourir* : il n'y a qu'une mort-durée dans Racine : celle de Phèdre. Toutes les autres morts sont en fait des chantages, les pièces d'une agression.

Il y a d'abord la mort cherchée, sorte d'immolation pudique, dont on laisse la responsabilité au hasard, au danger, à la divinité, conjuguant le plus souvent les bénéfices de l'héroïsme guerrier et ceux d'un suicide différé : Antiochus et Oreste ont cherché la mort pendant des années, dans les combats, sur les mers ; Atalide menace Bajazet de se laisser tuer par Roxane ; Xipharès veut courir s'exposer, puisque Monime lui est refusée, etc. Une variété plus discrète de cette mort cherchée est cette fin mystérieuse, qui risque de couronner une souffrance intolérable, par une sorte de pathologie peu scientifique : c'est une mort intermédiaire entre la maladie et le suicide [1]. En fait, la tragédie distingue la mort-rupture de la mort réelle : le héros veut mourir pour rompre une situation, et c'est cette volonté qu'il appelle déjà la mort. Aussi la tragédie devient-elle un ordre étrange où la mort se décline au pluriel [2].

Mais la mort tragique la plus fréquente, parce que la plus agressive, c'est évidemment le suicide. Le suicide est une menace directe dirigée contre l'oppresseur, il est représentation

---

1.   Je n'examine point si j'y pourrai survivre. (*Bér.* II, 2.)
2.   Me feront-ils souffrir tant de cruels trépas,
      Sans jamais au tombeau précipiter mes pas ? (*Théb.* III, 2.)

vive de sa responsabilité, il est ou chantage ou punition[1]. La théorie en est ouvertement (et encore quelque peu naïvement) donnée par Créon (dans *La Thébaïde*) : comme épreuve de force, le suicide est utilement prolongé par l'enfer, puisque l'enfer permet de recueillir les fruits du suicide, de continuer à faire souffrir, à poursuivre une amante, etc.[2] ; l'enfer permet de faire survivre la *valeur* à la personne. C'est là un grand but tragique : aussi, même lorsqu'il y a mort réelle, cette mort n'est jamais immédiate : le héros a toujours le temps de *parler* sa mort ; contrairement au héros kierkegaardien, le héros classique ne disparaît jamais sans une *dernière réplique* (inversement, la mort réelle, celle qui se produit derrière le théâtre, ne demande qu'un temps invraisemblablement court). La nature agressive du suicide apparaît pleinement dans le substitut que Junie lui donne : en devenant vestale, Junie meurt à Néron, mais à Néron seulement : elle accomplit une mort parfaitement sélective, qui ne va chercher et frustrer que le tyran. Et finalement, la seule mort réelle de la tragédie, c'est la mort envoyée, c'est l'assassinat. Qu'Hermione fasse mourir Pyrrhus, Néron Britannicus, Amurat (ou Roxane) Bajazet, Thésée Hippolyte, la mort cesse d'être abstraite : ce ne sont plus alors des paroles qui l'annoncent, la chantent ou l'exorcisent : ce sont des objets, réels, sinistres, qui rôdent dans la tragédie dès son commencement : poison de Néron, lacet du noir Orcan, bandeau royal de Monime, char d'Hippolyte : la mort tragique ne concerne jamais que l'autre : son mouvement constitutif, c'est d'être *apportée*.

À ces armes essentielles (frustration, chantage), s'ajoute tout

---

1. Le suicide a un équivalent rhétorique, l'épitrope, figure par laquelle on provoque ironiquement un ennemi à faire le mal.

2.　　… Ma présence aux enfers vous fût-elle odieuse,
　　　　Dût après le trépas vivre votre courroux,
　　　　Inhumaine, je vais y descendre après vous.
　　　　Vous y verrez toujours l'objet de votre haine ;
　　　　Et toujours mes soupirs vous rediront ma peine
　　　　Ou pour vous adoucir ou pour vous tourmenter,
　　　　Et vous ne pourrez plus mourir pour m'éviter. (*Théb.* scène dern.)

un *art* de l'agression verbale, possédé en commun par la victime
et son bourreau. La *blessure* racinienne n'est évidemment possible que dans la mesure où la tragédie implique une confiance
éperdue dans le langage ; le mot y détient une puissance objective, selon un statut bien connu dans les sociétés dites primitives : il est coup de fouet. Ici deux mouvements d'apparence
inverse, mais qui provoquent tous deux la blessure : ou bien le
mot dévoile une situation intolérable, c'est-à-dire que, magiquement, il la fait exister : c'est le cas de très nombreuses interven-
tions où le confident d'un mot *innocent* désigne le mal intérieur [1]
ou bien le discours est détourné, c'est l'intention qui en est
directement maligne : cette sorte de distance calme entre la poli-
tesse du mot et la volonté de blessure définit toute la cruauté,
racinienne, qui est froideur du bourreau [2]. Le ressort de toutes
ces attaques est évidemment l'humiliation : il s'agit toujours
d'introduire dans l'autre le désordre, il s'agit de le *défaire* et par
conséquent de restaurer l'immobilité de la relation de force, de
remettre la plus grande distance entre le pouvoir du tyran et la
sujétion de la victime. Le signal de cette immobilité retrouvée,
c'est le *triomphe* ; le mot n'est pas si éloigné de son sens
antique : c'est la récompense du vainqueur que de *contempler*
son partenaire défait, réduit à l'état d'objet, de chose dépliée
devant la vue, car, en termes raciniens, c'est la vue qui est le plus
possessif des organes [3].

---

1. Par exemple : Doris dit à Ériphile de sa rivale :

> L'aimable Iphigénie
> D'une amitié sincère avec vous est unie. (*Iph.* II, 1.)

ou encore, devant la froideur d'Agamemnon, décidé à la sacrifier, Iphigénie dit :

> N'osez-vous sans rougir être père un moment ? (II, 2.)

C'est évidemment dans *Phèdre* que le nom (Hippolyte) est tout-puissant dans
sa substance même. (I, 3.)

2. Par exemple, Clytemnestre dit à Ériphile, qu'elle soupçonne d'avoir séduit
Achille :

> Je ne vous presse point, Madame, de nous suivre ;
> En de plus chères mains ma retraite vous livre. (*Iph.* II, 4.)

3.   Vous veniez de mon front observer la pâleur,
> Pour aller dans ses bras rire de ma douleur. (*Andr.* IV, 5.)

On

Ce qui fait la singularité de la relation d'autorité – et qui a peut-être autorisé le développement mythique d'une « psychologie » racinienne – c'est que cette relation se mène, non seulement hors de toute société, mais même hors de toute socialité. Le couple racinien (celui du bourreau et de la victime) se combat dans un univers désolé, dépeuplé. C'est probablement cette abstraction qui a accrédité la légende d'un théâtre de la pure passion ; Napoléon n'aimait pas Racine parce qu'il ne voyait en lui qu'un fade écrivain d'amour. Pour mesurer la solitude du couple racinien, il suffit de penser à Corneille (pour reprendre un parallèle inépuisable) ; chez Corneille, le monde (au sens d'une réalité plus large et plus diffuse que la société), le monde entoure le couple d'une façon vivante : il est obstacle ou récompense, bref il est valeur. Chez Racine, la relation est sans écho, elle s'établit dans l'artifice d'une pure indépendance : elle est *mate* ; chacun n'est concerné que par l'autre – c'est-à-dire par lui. La cécité du héros racinien à l'égard d'autrui est presque maniaque : tout, dans le monde, semble venir le chercher personnellement, tout se déforme pour n'être plus qu'une nourriture narcissique : Phèdre croit Hippolyte amoureux de la terre entière *sauf* d'elle, Aman voit tous les hommes courbés autour de lui, *sauf* Mardochée ; Oreste pense que Pyrrhus va épouser Hermione expressément pour l'en priver, Agrippine se persuade que Néron punit *précisément* ceux qu'elle soutient, Ériphile croit que les dieux favorisent Iphigénie uniquement pour la tourmenter.

Par rapport au héros, le monde est donc une masse à peu près indifférenciée : les Grecs, les Romains, les janissaires, les ancêtres,

---

Quel surcroît de vengeance et de douceur nouvelle
De le montrer bientôt pâle et mort devant elle,
De voir sur cet objet ses regards arrêtés
Me payer les plaisirs que je leur ai prêtés ? (*Baj.* IV, 5.)

Je veux voir son désordre, et jouir de sa honte. (*Baj.* IV, 6.)

Rome, l'État, le peuple, la postérité, ces collectivités n'ont aucune réalité politique, ce sont des objets qui ne servent qu'à intimider ou à justifier, épisodiquement et selon les besoins de la cause ; ou plus exactement encore : ils justifient de céder à une intimidation. Le monde racinien a en effet une fonction de jugement : il *observe* le héros et menace sans cesse de le censurer, en sorte que ce héros vit dans la panique du *qu'en-dira-t-on.* Presque tous y succombent : Titus, Agamemnon, Néron ; seul Pyrrhus, le plus émancipé des héros raciniens, y résiste. Le monde est pour eux terreur, non-valeur élue, il est une sanction diffuse qui les entoure, les frustre, il est un fantasme moral dont la peur n'exclut même pas qu'on l'utilise (ainsi fait Titus pour renvoyer Bérénice), et c'est d'ailleurs cette duplicité qui constitue l'essentiel de la mauvaise foi racinienne [1]. En somme, le monde, pour le héros racinien, c'est une opinion publique, à la fois terreur et alibi [2].

Aussi l'anonymat du monde, son indistinction, sa réalité soigneusement sélective (il est seulement une *voix*) trouvent-ils leur meilleure expression dans toutes les formes grammaticales de l'indéfini, ces pronoms tour à tour disponibles et menaçants *(on, ils, chacun)* qui rappellent sans cesse, par des nuances infinies, que le héros racinien est seul dans un monde hostile qu'il lui est indifférent de nommer : *on* enveloppe, étouffe sans se déclarer jamais, il est le signe grammatical d'une agressivité que le héros ne peut ou ne veut localiser. Bien plus, c'est par le *on* que souvent le héros accuse son partenaire, donnant au reproche la caution et la sécurité de l'anonymat. La conjugaison racinienne comporte des inflexions remarquables : le *je* n'y existe que sous une forme gonflée jusqu'à l'éclatement, jusqu'à la division (dans le monologue, par exemple) ; le *tu* est la personne de l'agression subie et

---

1. Racine lui-même semble bien avoir vécu le monde (sauf dans ses deux dernières années) comme opinion : il ne s'est fait que sous le regard des Grands, et n'a explicitement écrit que pour recueillir ce regard.
2. Chez Corneille, le monde – si présent, valeur si haute – n'est jamais une opinion publique. Il suffit de comparer le ton du Titus cornélien au ton du Titus racinien :

> Ma gloire la plus haute est celle d'être à vous...
> Et soit de Rome esclave et maître qui voudra ! (*Tite et Bérénice,* III, 5.)

retournée *(Perfide!)* ; le *il*, celle de la déception, moment où l'on peut parler de l'être aimé comme d'un objet faussement distant, avant de se retourner contre lui *(l'ingrat)* ; le *vous* est la personne du décor, de l'aveu ou de l'attaque masquée *(Madame)* ; le *on* ou les *ils* désignent, on l'a vu, une agression diffuse[1]. Il y a une personne qui manque à la conjugaison racinienne : c'est le *nous* : le monde racinien est divisé d'une façon inexpiable : le pronom de la médiation y est inconnu.

La division

Il faut rappeler ici que la division est la structure fondamentale de l'univers tragique. C'en est même la marque et le privilège. Par exemple, seul le héros tragique est divisé ; confidents et familiers ne débattent jamais ; ils supputent des actions diverses, non des alternatives. La division racinienne est rigoureusement binaire, le possible n'y est jamais rien d'autre que le contraire. Cette partition élémentaire reproduit sans doute une idée chrétienne[2] ; mais dans le Racine profane, il n'y a pas de manichéisme, la division est une forme pure : c'est la fonction duelle qui compte, non ses termes. L'homme racinien ne se débat pas entre le bien et le mal : il se débat, c'est tout ; son problème est au niveau de la structure, non de la personne[3].

1. Dans la prière d'Andromaque à Hermione (III, 4), on voit en peu de vers fonctionner tout un jeu subtil de pronoms :

> *Où fuyez-vous, Madame ?* : cérémonie et pointe.
> *La veuve d'Hector* : Andromaque s'objective pour satisfaire Hermione.
> *Un cœur qui se rend* : elle fait de Pyrrhus un objet neutre, lointain, détaché d'elle.,
> *Notre amour* : appel tactique à la complicité universelle des mères.
> *On veut nous l'ôter* : les Grecs, le monde sans le nommer.

2. Voir par exemple le cantique de saint Paul traduit par Racine :

> Mon Dieu, quelle guerre cruelle !
> Je trouve deux hommes en moi… *(Cantique spirituel,* n° 3.)

3. Faut-il rappeler que la scission est le premier caractère d'un état névrosé : le moi de chaque névrosé est scindé et par conséquent ses relations avec la réalité sont limitées. (Nunberg, *Principes de psychanalyse,* PUF, 1957.)

Sous sa forme la plus explicite, la scission saisit d'abord le *je* qui se sent perpétuellement lutter avec lui-même. L'amour est ici une sorte de pouvoir catalytique qui accélère la cristallisation des deux parties. Le monologue est l'expression propre de la division. Le monologue racinien est obligatoirement articulé en deux membres contraires (*Mais non...*, *Hé quoi...*, etc.) ; il est conscience parlée de la division, et non délibération véritable[1]. C'est que le héros se sent toujours *agi* par une force extérieure à lui-même, par un au-delà très lointain et terrible, dont il se sent le jouet, qui peut même diviser le temps de sa personne, le frustrer de sa propre mémoire[2], et qui est suffisamment fort pour le *retourner,* le faire passer par exemple de l'amour à la haine[3]. Il faut ajouter que la division est l'état normal du héros racinien ; il ne retrouve son unité que dans des moments extatiques, précisément et paradoxalement quand il est *hors de soi* : la colère solidifie délicieusement ce moi déchiré[4].

Naturellement, la division ne saisit pas seulement le moi, mais aussi la figure, au sens mythique où l'on a déjà défini ce terme ; le théâtre racinien est plein de doubles, qui portent continuellement la division au niveau du spectacle : Etéocle et Polynice, Taxile et Cléofile, Hector et Pyrrhus[5], Burrhus et Narcisse, Titus et Antiochus, Xipharès et Pharnace, Néron et Britannicus, etc. Comme on le verra à l'instant, la division, quelle qu'en soit la souffrance, permet au héros de résoudre tant bien que mal son problème essentiel, la fidélité : divisé, l'être

---

1. À la délibération stérile du héros racinien il faut opposer la délibération réelle du vieux roi Danaos, dans *Les Suppliantes* d'Eschyle. Il est vrai que Danaos a à décider de la paix ou de la guerre – et qu'Eschyle est un poète réputé archaïque !

2. Hermione oublie qu'elle a elle-même commandé à Oreste d'assassiner Pyrrhus. (V, 5.)

3. Par exemple :

>   Ah ! je l'ai trop aimé pour ne le point haïr. (*Andr.* II, 1.)

4.   Ah ! je vous reconnais ; et ce juste courroux,
>   Ainsi qu'à tous les Grecs, seigneur, vous rend à vous. (*Andr.* II, 5.)

>   Ma colère revient, et je me reconnais. (*Mithr.* IV, 5.)

5. En dépit des dédains qu'a suscités cette interprétation, je suis persuadé qu'il y a une ambivalence d'Hector et de Pyrrhus aux yeux d'Andromaque.

racinien est en quelque sorte déporté loin de son passé personnel vers un passé extérieur qu'il n'a pas fait. Son mal, c'est d'être infidèle à lui-même et trop fidèle à l'autre. On pourrait dire qu'il fixe sur lui-même la scission qu'il n'a pas le courage d'imposer à son partenaire : soudée à son bourreau, la victime se détache en partie d'elle-même. C'est pourquoi la division lui permet aussi de vivre : elle est le prix payé pour *se maintenir* : le schisme est ici l'expression ambiguë du mal et du remède.

Le Père

Qui est cet autre dont le héros ne peut se séparer ? D'abord — c'est-à-dire de la façon la plus explicite — c'est le Père. Il n'y a pas de tragédie où il ne soit réellement ou virtuellement présent[1]. Ce n'est pas forcément ni le sang ni le sexe[2] qui le constitue, ni même le pouvoir ; son être, c'est son antériorité : ce qui vient après lui est issu de lui, engagé inéluctablement dans une problématique de la fidélité. Le Père, c'est le passé. Et c'est parce que sa définition est très loin derrière ses attributs (sang, autorité, âge, sexe) qu'il est vraiment et toujours un Père total ; au-delà de la nature, il est un fait primordial, irréversible : ce qui a été *est*, voilà le statut du temps racinien[3] ; cette identité est naturellement pour Racine le malheur même du monde, voué à l'ineffaçable, à l'inexpiable. C'est en ce sens que le Père est immortel : son immortalité est marquée bien plus par le retour

1. Les pères du théâtre racinien : *La Thébaïde* : Œdipe (le Sang). — *Alexandre* : Alexandre (Père-dieu). — *Andromaque* : Les Grecs, la Loi (Hermione, Ménélas). — *Britannicus* : Agrippine. — *Bérénice* : Rome (Vespasien). — *Bajazet* : Amurat, frère aîné (délégué à Roxane). — *Mithridate* : Mithridate. — *Iphigénie* : Les Grecs, les dieux (Agamemnon). — *Phèdre* : Thésée. — *Esther* : Mardochée. — *Athalie* : Joad (Dieu).
2. Sans parler d'Agrippine, Mithridate et Mardochée sont expressément père et mère à la fois :

> Mais moi, qui dès l'enfance élevé dans son sein… (*Mithr.* IV, 2.)

> Mais lui, voyant en moi la fille de son frère,
> Me tint lieu, chère Élise, et de père et de mère. (*Esth.* I, 1.)

3. Sur le temps racinien, voir G. Poulet, *Études sur le temps humain*.

que par la survie : Mithridate, Thésée, Amurat (sous les traits du noir Orcan) reviennent de la mort, rappellent au fils (ou au frère cadet, c'est la même chose) qu'on ne peut jamais tuer le Père. Dire que le Père est immortel veut dire que l'Antérieur est immobile : lorsque le Père manque (provisoirement), tout se défait ; lorsqu'il revient, tout s'aliène : l'absence du Père constitue le désordre ; le retour du Père institue la faute.

Le sang, qui tient une place éminente dans la métaphysique racinienne, est un substitut étendu du Père. Dans un cas comme dans l'autre, il ne s'agit pas d'une réalité biologique, mais essentiellement d'une forme : le Sang est une antériorité plus diffuse et partant plus terrible que le Père : c'est un Être transtemporel qui *tient,* à la façon d'un arbre : il tient, c'est-à-dire qu'il dure d'un seul bloc et qu'il possède, retient, englue. Le Sang est donc à la lettre une Loi, ce qui veut dire un lien et une légalité. Le seul mouvement qui soit permis au fils est de rompre, non de se détacher. On retrouve ici l'impasse constitutive de la relation autoritaire, l'alternative catastrophique du théâtre racinien : ou le fils tue le Père, ou le Père détruit le fils : dans Racine, les infanticides sont aussi nombreux que les parricides[1].

La lutte inexpiable du Père et du fils est celle de Dieu et de la créature. Dieu ou les dieux ? On sait que, dans le théâtre racinien, les deux fables existent, l'antique et la juive. Mais en vérité, Racine ne retient dans les dieux païens que leur nature oppressive et gracieuse : par la malédiction qu'ils attachent au Sang, les dieux ne

---

1. Au XVIIᵉ siècle, le mot *parricide* s'entend pour tout attentat dirigé contre l'autorité (le Père, le Souverain, l'État, les Dieux). Quant aux infanticides, il y en a presque un par pièce :

> Œdipe vouant ses fils à une haine meurtrière.
> Hermione (les Grecs, le Passé) faisant tuer Pyrrhus.
> Agrippine étouffant Néron.
> Vespasien (Rome) frustrant Titus.
> Mithridate et ses fils.
> Agamemnon et Iphigénie.
> Thésée et Hippolyte.
> Athalie et Joas.

Il y a, de plus, dans Racine deux malédictions de mère à fils : Agrippine et Néron (V, 7.), Athalie et Joas (V, 6.)

font que garantir le caractère inexpiable du passé ; leur pluriel recouvre une fonction unique, qui est celle-là même du Dieu juif, la vengeance et le paiement, mais un paiement qui excède toujours la faute[1], en sorte qu'il s'agit d'un Dieu pour ainsi dire antérieur à la loi restrictive du talion. Le seul, le vrai Dieu racinien n'est ni grec ni chrétien, c'est le Dieu de l'Ancien Testament, dans sa forme littérale et comme épique : c'est Jahvé. Tous les conflits raciniens sont construits sur un modèle unique, celui du couple formé par Jahvé et son peuple : ici et là, le rapport est fait d'une aliénation *réciproque* : l'être omnipotent s'attache *personnelle-ment* à son sujet, le protège et le châtie capricieusement, l'entre-tient par des coups répétés dans la situation de terme élu d'un couple indissoluble (l'élection divine et l'élection tragique sont toutes deux terribles) ; à son tour, le sujet éprouve à l'égard de son maître un sentiment panique d'attachement et de terreur, de ruse aussi : bref fils et Père, esclave et maître, victime et tyran, amant et amante, créature et divinité sont liés par un dialogue sans issue et sans médiation. Il s'agit dans tous les cas d'un rapport *immédiat*, auquel sont refusés la fuite, la transcendance, le pardon et même la victoire. Le langage que le héros racinien parle au Ciel est toujours en effet un langage de combat, et de combat personnel. C'est : ou l'ironie *(Voilà de ces grands Dieux la suprême justice !),* ou la chi-cane *(Un oracle dit-il tout ce qu'il semble dire ?),* ou le blasphème *(Dieu des Juifs, tu l'emportes !).* Le Dieu racinien existe à propor-tion de sa malignité ; mangeur d'hommes, comme la plus archaïque des divinités[2], ses attributs habituels sont l'injustice, la frustration[3], la contradiction[4]. Mais son Être est la Méchanceté.

1.   Sa haine va toujours plus loin que son amour. *(Mithr.* I, 5.)

2.   Et le sang d'un héros, auprès des Immortels.
      Vaut seul plus que celui de mille criminels. *(Thèb.* III, 3.)

      J'ai mendié la mort chez des peuples cruels
      Qui n'apaisent leurs Dieux que du sang des mortels. *(Andr.* II, 2.)

3. (Le Ciel.)

      Mais, hélas ! quand sa main semble me secourir,
      C'est alors qu'il s'apprête à me faire périr. *(Théb.* III, 3.)

4.   Voilà de ces grands Dieux la suprême justice !

Le revirement

Il faut rappeler ici que le ressort de la tragédie-spectacle est le même que celui de toute métaphysique providentielle : c'est le revirement. *Changer toutes choses en leur contraire* est à la fois la formule du pouvoir divin et la recette même de la tragédie [1]. Le revirement est effectivement la figure fondamentale de tout le théâtre racinien, soit au niveau des menues situations, soit au niveau d'une pièce tout entière *(Esther,* par exemple). On retrouve ici l'obsession d'un univers à deux dimensions : le monde est fait de contraires purs que jamais rien ne médiatise. Dieu précipite ou élève, voilà le mouvement monotone de la création. De ces inversions, les exemples sont innombrables. On dirait que Racine construit tout son théâtre sur cette forme, qui est étymologiquement parlant la péripétie, et n'y investit qu'après coup ce qu'on appelle la « psychologie ». Il s'agit évidemment d'un thème très ancien, celui de la captive couronnée ou du tyran abaissé ; mais chez Racine, ce thème n'est pas une « histoire », il n'a pas d'épaisseur épique ; il est vraiment une forme, une image obsessionnelle qui s'adapte à des contenus variés. Ce que le revirement saisit, c'est une totalité : le héros a la sensation que *tout* est happé dans ce mouvement de bascule : le monde entier vacille, point de monnayage dans la pesée du Destin, parce que précisément le Destin se saisit toujours d'une

---

Jusques au bord du crime ils conduisent nos pas ;
Ils nous le font commettre et ne l'excusent pas. (*Thèb.* III, 2.)

1. La théorie du revirement tragique date d'Aristote. Un historien récent a tenté d'en dégager la signification sociologique : le sens du revirement (*changer toutes choses en leur contraire,* selon le mot de Platon) serait l'expression d'une société dont les valeurs sont désorganisées et renversées par le passage brutal de la féodalité au mercantilisme, c'est-à-dire par une brusque promotion de l'argent (Grèce du Ve siècle, Angleterre élisabéthaine). Cette explication ne peut concerner sous cette forme la tragédie française, sauf à passer par le relais d'une explication idéologique, comme l'a fait L. Goldmann. (Voir G. Thomson, *Marxism and Poetry.*)

situation déjà organisée, pourvue d'un sens, d'une figure (d'une *face*)[1] : le revirement fond sur un univers déjà créé par une intelligence. Le sens du revirement est toujours dépressif (sauf dans les tragédies sacrées) : il met les choses de haut en bas, la chute est son image[2] (il y a probablement chez Racine une imagination *descensionnelle,* que le *Cantique spirituel* n° 3 permet de deviner[3] : on se rappelle l'analyse du *tenebroso* racinien). Comme acte pur, le revirement n'a aucune durée, il est un point, un éclair (en langage classique, on l'appelle un *coup*), on pourrait presque dire une simultanéité[4] : le héros frappé tient dans une perception déchirante l'état ancien dont il est dépossédé et l'état nouveau qui lui est assigné. En fait, une fois de plus, comme dans la division, la conscience de vie n'est autre que la conscience de revirement : être, c'est non seulement être divisé, mais c'est être retourné.

Or ce qui fait toute la spécialité du revirement tragique, c'est qu'il est exact et comme mesuré. Son dessin fondamental est la symétrie. Le Destin conduit toute chose en son contraire comme à travers un miroir : inversé, le monde continue, seul le *sens* de ses éléments est permuté. C'est la conscience de cette symétrie

---

1. Cette *solidification* de la situation vécue s'exprime dans des formules comme : *contre moi tout s'assemble ; tout a changé de face,* etc.

2. La théorie de la chute est donnée par la femme d'Aman, Zarès :

> Où tendez vous plus haut ? Je frémis quand je voi
> Les abîmes profonds qui s'offrent devant moi :
> La chute désormais ne peut être qu'horrible. (*Esth*. III, 1.)

3. (Les deux hommes, qui sont dans le *moi*)

> L'un tout esprit, et tout céleste,
> Veut qu'au Ciel sans cesse attaché,
> Et des biens éternels touché,
> Je compte pour rien tout le reste
> Et l'autre par son poids funeste
> Me tient vers la terre penché. (*Cantique spirituel,* n° 3.)

4. La sorte d'*atemporalité* du revirement est évidemment accentuée par la règle de l'unité de temps (ce qui prouve une fois de plus à quel point ces règles ne sont pas de simples conventions, mais l'expression vivante d'une idéologie complète) :

> Je me vois, dans le cours d'une même journée… (*Brit*. II, 3.)

qui terrifie le héros frappé ; ce qu'il appelle le *comble* d'un changement, c'est l'intelligence même qui semble toujours conduire la fortune *précisément* dans sa place opposée ; il voit avec terreur l'univers soumis à un pouvoir *exact* : la tragédie est pour lui l'art du *précisément* (c'est l'*ipse* latin, l'essence de la chose)[1]. En somme le monde est régi par une malice, qui sait aller chercher dans le bonheur son cœur négatif. La structure du monde tragique est *dessinée*, en sorte que le monde est sans cesse replongé dans l'immobilité : la symétrie est la plastique même de l'immédiation, de l'échec, de la mort, de la stérilité[2].

La méchanceté est toujours *précise*, en sorte qu'on peut dire que la tragédie racinienne est l'art de la méchanceté : c'est parce que Dieu manie la symétrie qu'il fonde un spectacle[3], sa malignité est esthétique, il donne un beau spectacle à l'homme, celui de sa dépression. Ce jeu réversif a d'ailleurs sa rhétorique : l'antithèse,

---

1. La conjonction du *précisément* tragique est *lorsque* : et *lorsque…* (énoncé du *comble…*) *alors* (énoncé de la chute), C'est le *cum… tum…* latin, complexe à la fois adversatif et temporel (simultané). Les exemples sont innombrables, sous d'autres formes grammaticales :

> Je n'ai donc traversé tant de mers, tant d'États,
> Que pour venir si loin préparer son trépas, (*Andr.* V, 1), etc.

Dans l'ordre des situations également, les exemples sont très nombreux ; j'énumère au hasard : c'est *précisément* à Narcisse que Britannicus se confie ; c'est *précisément* quand Ériphile connaît sa naissance qu'elle doit mourir ; c'est *précisément* quand Agamemnon condamne sa fille que sa fille se réjouit de ses bontés ; c'est *précisément* quand Aman s'imagine au faîte des honneurs qu'il tombe ; c'est *précisément* en voulant sauver son amant qu'Atalide le perd, etc.

2. Sans vouloir forcer la comparaison entre l'ordre esthétique ou métaphysique et l'ordre biologique, faut-il cependant rappeler que *ce qui est* l'est toujours par dissymétrie ?

« Certains éléments de symétrie peuvent coexister avec certains phénomènes, mais ils ne sont pas nécessaires. Ce qui est nécessaire, c'est que certains éléments de symétrie n'existent pas. C'est la dissymétrie qui crée le phénomène. » (Pierre Curie).

3. (Les dieux.)

> Prennent-ils donc plaisir à faire des coupables,
> Afin d'en faire après d'illustres misérables ? (*Théb.* III, 2.)

Et dans la préface d'*Esther* :

… je pourrais remplir toute mon action avec les seules scènes que Dieu lui-même, pour ainsi dire, a préparées.

et sa figure versifiée : la frappe [1] (il est certain que l'alexandrin sert admirablement l'organisation dimorphe du monde racinien [2]). Comme organisateur du spectacle tragique, Dieu s'appelle le Destin. On comprend maintenant ce qu'est le Destin racinien ; ce n'est pas tout à fait Dieu, c'est un en deçà de Dieu, une façon de ne pas nommer sa méchanceté. Le destin permet au héros tragique de s'aveugler partiellement sur la source de son malheur, d'en situer l'intelligence originelle, le contenu plastique, en éludant d'en désigner la responsabilité : c'est un acte pudiquement coupé de sa cause. Cette sorte d'abstraction paradoxale se comprend très bien si l'on songe que le héros sait dissocier la réalité du Destin, de son essence : il prévoit cette réalité, il ignore cette essence ; ou, mieux encore, il prévoit l'imprévisibilité même du Destin, il le vit réellement comme une forme, un *mana,* la place gardée du revirement [3], il s'absorbe spontanément dans cette forme, il se sent lui-même forme pure et continuelle [4], et ce formalisme lui permet d'absenter pudiquement Dieu sans cependant le quitter.

La Faute

Ainsi la tragédie est essentiellement procès de Dieu, mais procès infini, procès suspendu et retourné. Tout Racine tient dans

1. Claudel à propos de Racine :
Frapper, c'est cela. Comme on dit : frapper le champagne, frapper une monnaie, une pensée bien frappée… quelque chose que j'appellerai la détonation de l'évidence. *(Cahiers Renaud-Barrault, VIII.)*
2. L'antithèse est vieille comme le monde, l'alexandrin commun à toute une civilisation. Sans doute : les formes sont toujours en nombre fini. Cela ne les empêche pas d'avoir des sens particuliers. La critique ne peut se priver d'interroger une forme sous prétexte qu'elle a un caractère universel. Je regrette que nous ne possédions pas encore une « philosophie » de l'alexandrin, une sociologie de la métaphore ou une phénoménologie des figures de rhétorique.
3. *Destin* est le nom d'une force qui s'applique au présent ou à l'avenir. Pour le passé il y a un autre mot, puisque ici le *mana* a déjà reçu un contenu : c'est le *sort.*
4. Voir la correction significative :

Je me livre en aveugle au *destin* qui m'entraîne. *(Andr.* I, 1.)
à la place de :

Je me livre en aveugle au *transport* qui m'entraîne.

cet instant paradoxal où l'enfant découvre que son père est mauvais et veut pourtant rester son enfant. À cette contradiction il n'existe qu'une issue (et c'est la tragédie même) : que le fils prenne sur lui la faute du Père, que la culpabilité de la créature décharge la divinité. Le Père accable injustement : il suffira de mériter rétroactivement ses coups pour qu'ils deviennent justes. Le Sang est précisément le véhicule de cette rétroaction. On peut dire que tout héros tragique naît innocent ; il se fait coupable pour sauver Dieu[1]. La théologie racinienne est une rédemption inversée : c'est l'homme qui rachète Dieu. On voit maintenant quelle est la fonction du Sang (ou du Destin) : il donne à l'homme le droit d'être coupable. La culpabilité du héros est une nécessité fonctionnelle : si l'homme est pur, c'est Dieu qui est impur, et le monde se défait. Il est donc nécessaire que l'homme *tienne* sa faute, comme son bien le plus précieux : et quel moyen plus sûr d'être coupable que de se faire responsable de ce qui est hors de soi, avant soi ? Dieu, le Sang, le Père, la Loi, bref l'Antériorité devient par essence accusatrice. Cette forme de culpabilité absolue n'est pas sans rappeler ce qu'en politique totalitaire on appelle la culpabilité objective : le monde est un tribunal : si l'accusé est innocent, c'est le juge qui est coupable ; donc l'accusé prend sur lui la faute du juge[2].

On voit maintenant la nature exacte du rapport d'autorité. A n'est pas seulement puissant et B faible. A est coupable, B est innocent. Mais comme il est *intolérable* que la puissance soit injuste, B prend sur lui la faute de A : le rapport oppressif se retourne en rapport punitif, sans que pourtant cesse jamais entre

---

1.   Mon innocence enfin commence à me peser.
       Je ne sais de tout temps quelle injuste puissance
       Laisse le crime en paix et poursuit l'innocence.
       De quelque part sur moi que je tourne les yeux,
       Je ne vois que malheurs qui condamnent les Dieux.
       Méritons leur courroux, justifions leur haine… (*Andr.* III, 1.)

2. La féodalité dans l'ancienne Chine : « On ne donne à un étranger barre sur soi qu'à condition de commettre une faute ; le lien d'inféodation résulte de la faute qui "doit" être commise et du pardon que cette faute *a pour fin* d'obtenir » (Granet, *Année sociologique*, 1952, p. 22).

les deux partenaires tout un jeu personnel de blasphèmes, de feintes, de ruptures et de réconciliations. Car l'aveu de B n'est pas une oblation généreuse : il est la terreur d'ouvrir les yeux sur le Père coupable [1]. Cette mécanique de la culpabilité alimente tous les conflits raciniens, y compris les conflits amoureux : dans Racine, il n'y a qu'un seul rapport, celui de Dieu et de la créature.

Le « *dogmatisme* » du héros racinien

Cette alliance terrible, c'est la fidélité. Le héros éprouve à l'égard du Père l'horreur même d'un engluement : il est retenu dans sa propre antériorité comme dans une masse possessive qui l'étouffe. Cette masse est faite d'une accumulation informe de liens [2] : époux, parents, patrie, enfants même, toutes les figures de la légalité sont des figures de mort. La fidélité racinienne est funèbre, malheureuse. C'est ce qu'éprouve Titus, par exemple : son père vivant, il était libre, son père mort, le voilà enchaîné. C'est donc essentiellement à sa force de rupture que l'on mesure le héros racinien : c'est fatalement son infidélité qui l'émancipe. Les figures les plus régressives sont celles qui restent soudées au Père, enveloppées dans sa substance (Hermione, Xipharès, Iphigénie, Esther, Joad) : le Passé est un *droit* qu'elle représente avec superbe, c'est-à-dire avec agressivité, même si cette agressivité est policée (chez Xipharès et Iphigénie). D'autres figures, tout en restant inconditionnellement soumises au Père, vivent cette fidélité comme un ordre funèbre et la subissent dans une plainte détournée (Andromaque, Oreste, Antigone, Junie, Antiochus, Monime). D'autres enfin – et ce sont les vrais héros raciniens – accèdent pleinement au problème de l'infidélité (Hémon, Taxile, Néron, Titus, Pharnace, Achille, Phèdre,

---

1. Face au célèbre complexe d'Œdipe, on pourrait appeler ce mouvement le complexe de Noé : parmi les fils, l'un rit de la nudité du Père, les autres détournent les yeux et la recouvrent.
2.   O cendres d'un époux ! ô Troyens ! ô mon père !
         O mon fils, que tes jours coûtent cher à ta mère ! (*Andr.* III, 8.)

Athalie et, de tous le plus émancipé, Pyrrhus) : ils savent qu'ils veulent rompre mais n'en trouvent pas le moyen ; ils savent qu'ils ne peuvent passer de l'enfance à la maturité sans un nouvel accouchement [1], qui est en général le crime, parricide, matricide ou déicide ; ils sont définis par *le refus d'hériter* ; c'est pourquoi l'on pourrait transposer à leur sujet un mot de Husserl et les appeler des héros *dogmatiques* ; dans le vocabulaire racinien, ce sont les *impatients*. Leur effort de dégagement est combattu par la force inépuisable du Passé ; cette force est une véritable Érinye [2], qui vient arrêter la fondation d'une nouvelle Loi, où tout serait enfin possible [3].

Voilà le dilemme. Comment en sortir ? Et d'abord, *quand* en sortir ? La fidélité est un état panique, elle se vit comme une clôture dont le bris est une secousse terrible. Cette secousse se produit pourtant : c'est l'intolérable (le *c'en est trop* racinien, ou encore le *comble,* l'*extrémité mortelle*). La souffrance du lien est une véritable apnée [4], et c'est en cela qu'elle provoque à l'action ; traqué, le héros racinien *veut* se précipiter au-dehors. Mais ce mouvement même, la tragédie le suspend : l'homme racinien est *surpris* dans son dégagement ; il est l'homme du *que faire ?* non du *faire* ; il appelle, il invoque une action, il ne l'accomplit pas ; il pose des alternatives mais ne les résout pas ; il vit poussé à l'acte mais ne se projette pas en lui ; il connaît des dilemmes, non des problèmes ; il est rejet plus que projet (excepté, encore une fois, Pyrrhus) ; faire, pour lui, ce n'est que changer. Cette

---

1. Burrhus est celui qui essaie de faire naître, en Néron, l'Empereur du fils. Parlant d'autres conseillers :

> Dans une longue enfance ils l'auraient fait vieillir. (*Brit.* I, 2.)

2. Sous son aspect agressif, vengeur, érinyque, la fidélité serait une notion fortement juive : « Mais au sein du peuple juif, surgirent toujours des hommes qui ravivaient la tradition affaiblie et renouvelaient les admonestations et les sommations de Moïse en n'ayant de cesse que les croyances perdues ne fussent retrouvées » (Freud, *Moïse et le monothéisme*).

3. « Animé d'un regard, je puis tout entreprendre », dit Pyrrhus à Andromaque. C'est-à-dire : si vous m'aidez à rompre avec l'Érinye Hermione, j'accède à la Loi nouvelle.

4. Le contraire de souffrir est respirer : « avoir quelque relâche après une épreuve terrible ».

nature suspendue de l'alternative s'exprime dans d'innombrables discours raciniens ; l'articulation habituelle en est : *Ah
plutôt...,* ce qui veut dire : tout, y compris la mort, plutôt que de
continuer ainsi.

Le mouvement libératoire de l'homme racinien est purement
intransitif, voilà déjà le germe de l'échec : l'action n'a rien où
s'appliquer, puisque le monde est au départ éloigné. La division
absolue de l'univers, issue de l'enfermement du couple en lui-
même, exclut toute médiation ; le monde racinien est un monde
à deux termes, son statut est paradoxal, non dialectique : le troisième terme manque. Rien ne marque mieux cette intransitivité
que l'expression verbale du sentiment amoureux : l'amour est un
état grammaticalement sans objet : *j'aime, j'aimais, vous aimez,
il faut que j'aime enfin,* il semble que chez Racine le verbe aimer
soit par nature intransitif ; ce qui est donné, c'est une force indif-
férente à son objet et, pour tout dire, une essence même de
l'acte, comme si l'acte s'épuisait hors de tout terme[1]. L'amour
est au départ même dépris de son but, il est *déçu.* Privé du réel,
il ne peut que se répéter, non se développer. C'est pourquoi
l'échec du héros racinien provient finalement d'une impuissance
à concevoir le temps autrement que comme une répétition : l'alternative tend toujours à la répétition, et la répétition à l'échec.
La durée racinienne n'est jamais maturative, elle est circulaire,
elle additionne et ramène sans jamais rien transformer (*Bérénice*
est l'exemple le plus pur de cette rotation, dont il ne sort, comme
Racine l'a si bien dit, *rien*). Saisi par ce temps immobile, l'acte
tend au rite. Aussi, en un sens, rien de plus illusoire que la notion
de crise tragique : elle ne dénoue rien, elle tranche[2]. Ce temps-

---

1. Exemple :

> J'aimais, Seigneur, j'aimais : je voulais être aimée. (*Bér.* V, scène dern.)

Un autre verbe essentialisé, c'est *craindre* :

> Qu'est-ce que vous craignez ?
> — Je l'ignore moi-même,
> Mais je crains. (*Brit.* V, 1.)

2. Au contraire, la tragédie eschyléenne, par exemple, ne tranche pas, elle
dénoue (*L'Orestie* fonde le tribunal humain) : *Les liens se dénouent, le remède
existe.* (Eschyle, *Agamemnon.*)

répétition est naturellement celui qui définit la vendetta, la génération infinie et comme immobile des crimes. Des *Frères ennemis* à *Athalie,* l'échec de tous les héros raciniens c'est d'être renvoyés inexorablement à ce temps circulaire[1].

Esquisses de solutions

Le temps réitératif est à tel point le temps de Dieu qu'il est pour
Racine celui de la Nature même ; en sorte que rompre avec ce
temps, c'est rompre avec la Nature, c'est tendre à une anti-Physis :
par exemple, c'est renier d'une façon ou d'une autre la famille, la
filialité naturelle. Quelques héros raciniens esquissent ce mouvement libérateur. Il ne peut jamais s'agir que d'accepter un troisième terme au conflit. Pour Bajazet, par exemple, c'est le temps :
il est le seul héros tragique à suivre une conduite dilatoire, à
attendre, et par là, il menace la tragédie dans son essence[2] ; c'est
Atalide qui le ramène à la tragédie, à la mort, en rejetant toute
médiation à son amour : en dépit de sa douceur, elle est Érinye,
elle *récupère* Bajazet. Pour le Néron de Burrhus, ce troisième
terme, c'est le monde, la tâche réelle d'Empereur (ce Néron est
progressif) ; pour le Néron de Narcisse, c'est le crime érigé en système, la tyrannie « pensée » (celui-là est régressif par rapport à
l'autre). Pour Agamemnon, c'est la fausse Iphigénie, inventée
astucieusement par le Prêtre. Pour Pyrrhus, c'est Astyanax, c'est

---

1. Malédiction d'Agrippine à Néron :
   > Ta fureur, s'irritant soi-même dans son cours,
   > D'un sang toujours nouveau marquera tous tes jours. (*Brit.* V, 6.)

   Malédiction d'Athalie à Joas :
   >   Je me flatte, j'espère
   > Qu'indocile à ton joug, fatigué de ta loi,
   > Fidèle au sang d'Achab qu'il a reçu de moi...
   > On verra de David l'héritier détestable
   > Abolir tes honneurs, profaner ton autel
   > Et venger Athalie, Achab et Jézabel. (*Ath.* V, 6.)

2. Vers anti-tragiques :
   > Peut-être avec le temps j'oserai davantage.
   > Ne précipitons rien... (*Baj.* II, 1.)

la vie réelle de l'enfant, la construction d'un avenir ouvert, neuf, opposé à la loi vendettale représentée par l'Érinye Hermione. L'espoir, dans ce monde atrocement alternatif, c'est toujours d'accéder à un ordre tertiaire, où le duo du bourreau et de la victime, du Père et du fils, sera enfin dépassé. Tel est peut-être le sens optatif de tous ces trios d'amants qui traversent la tragédie moins comme les éléments classiques du triangle adultère que comme l'image utopique d'une issue à la stérilité du couple originel[1].

Mais la solution majeure, celle qui est inventée par Racine (et non plus par quelques-unes de ses figures), c'est la mauvaise foi : le héros s'apaise en éludant le conflit sans le résoudre, en se déportant entièrement dans l'ombre du Père, en assimilant le Père au Bien absolu : c'est la solution conformiste. Cette mauvaise foi rôde dans toutes les tragédies raciniennes, elle touche ici et là une figure, la pourvoit d'un langage moral ; elle règne explicitement dans les quatre tragédies « heureuses » de Racine : *Alexandre*, *Mithridate*, *Iphigénie*, *Esther*. Ici, la tragédie est en quelque sorte fixée, comme un abcès, dans un personnage noir en apparence marginal, et qui sert de victime expiatoire au reste du groupe (Taxile, Pharnace, Ériphile, Aman). Le personnage tragique est véritablement expulsé comme un indésirable : lui parti, les autres peuvent respirer, vivre, quitter la tragédie, personne n'est plus là pour les regarder : ils peuvent mentir en commun, célébrer le Père comme un Droit naturel, jouir du triomphe de leur bonne conscience. En fait, cette élision de la tragédie ne peut se faire qu'au prix d'un dernier aménagement : il faut dédoubler le Père, retirer de lui une figure transcendante géné-

---

1. Hermione dit d'Andromaque et de Pyrrhus :
   Nous le verrions encor nous partager ses soins. (*Andr.* V, 3.)

Oreste devenant fou :
   Réunissons trois cœurs qui n'ont pu s'accorder. (*Andr.* scène dern.)

Junie à Néron et Britannicus :
   Souffrez que de vos cœurs rapprochant les liens… (*Brit.* III, 8.)

Titus à Antiochus :
   Vous ne faites qu'un cœur et qu'une âme avec nous. (*Bér.* III, I.)

Il y a là et ailleurs la trace d'un curieux dostoïevskisme racinien.

reuse, un peu détachée du Père vindicatif par la distance d'une grande fonction morale ou sociale. C'est pourquoi dans toutes ces tragédies, il y a à la fois un Père et un Roi, distincts l'un de l'autre : Alexandre peut être généreux, puisque la loi vendettale est fixée dans Porus ; Mithridate est double : comme Père, il revient de la mort, trouble, punit ; comme Roi, il meurt, pardonne ; Agamemnon veut faire mourir sa fille, les Grecs, l'Église (Calchas), l'État (Ulysse) la sauvent ; Mardochée fait peser la Loi, *possède* Esther, Assuérus la relève et la comble. Il n'est peut-être pas interdit de retrouver dans cette partition astucieuse l'acte même par lequel Racine n'a cessé de diviser sa vie entre son Roi (Louis XIV) et son Père (Port-Royal). C'est Port-Royal qui est au fond de toute la tragédie racinienne, dessinant les figures capitales de la fidélité et de l'échec. Mais c'est Louis XIV, c'est la complaisance au Père-Roi, qui inspire toutes les *solutions* de l'impasse tragique : c'est toujours par le Roi que la tragédie pourrit, et c'est d'ailleurs à toutes ces tragédies « rectifiées » que Louis XIV a donné son approbation la plus chaude.

Le Confident

Entre l'échec et la mauvaise foi, il y a pourtant une issue possible, celle de la dialectique. La tragédie n'ignore pas cette issue ; mais elle n'a pu l'admettre qu'à force d'en banaliser la figure fonctionnelle : c'est le confident. A l'époque de Racine, la mode du rôle est en train de passer, ce qui accroît peut-être sa signification. Le confident racinien (et cela est conforme à son origine) est lié au héros par une sorte de lien féodal, de *dévotion* ; cette liaison désigne en lui un double véritable, probablement délégué à assumer toute la trivialité du conflit et de sa solution, bref à fixer la part non tragique de la tragédie dans une zone latérale où le langage se discrédite, devient *domestique*[1]. On le sait,

---

1. Phèdre charge Œnone de la débarrasser des *tâches* de l'acte, de façon à n'en garder noblement, et enfantinement, que le résultat tragique :

Pour le fléchir enfin tente tous les moyens. (*Phèd.* III, 1.)

au dogmatisme du héros s'oppose continuellement l'empirisme du confident. Il faut rappeler ici ce qu'on a déjà dit à propos de la clôture tragique : pour le confident, le monde existe ; sortant de la scène, il peut entrer dans le réel et en revenir : son insignifiance autorise son ubiquité. Le premier résultat de ce *droit de sortie* c'est que pour lui l'univers cesse d'être absolument antinomique[1] : constituée essentiellement par une construction alternative du monde, l'aliénation cède, dès que le monde devient multiple. Le héros vit dans l'univers des formes, des alternances, des signes ; le confident dans celui des contenus, des causalités, des accidents. Sans doute il est la voix de la raison (d'une raison fort sotte, mais qui est tout de même un peu la Raison) contre la voix de la « passion » ; mais ceci veut dire surtout qu'il parle le possible contre l'impossible ; l'échec constitue le héros, il lui est transcendant ; aux yeux du confident, l'échec *touche* le héros, il lui est contingent. D'où le caractère dialectique des solutions qu'il propose (sans succès) et qui consistent toujours à médiatiser l'alternative.

À l'égard du héros, sa médecine est donc apéritive, elle consiste d'abord à ouvrir le secret, à définir dans le héros le point exact de son dilemme ; il veut produire un éclaircissement. Sa technique semble grossière, mais elle est éprouvée : il s'agit de provoquer le héros en lui représentant naïvement une hypothèse contraire à son élan, en un mot de « gaffer »[2] (en général, le héros « accuse » le coup, mais le recouvre rapidement sous un flot de paroles justificatives). Quant aux conduites qu'il recommande face au conflit, elles sont toutes dialectiques, c'est-à-dire subordonnent la fin aux moyens. Voici les plus courantes de ces conduites : *fuir* (qui est l'expression non tragique de la mort tragique) ; *attendre* (ce qui revient à opposer au temps-répétition

---

1. « C'est seulement dans l'existence sociale que les antinomies telles que subjectivisme et objectivisme, spiritualisme et matérialisme, activité et passivité perdent leur caractère antinomique... » (Marx, *Manuscrit économico-philosophique.*)

2. Exemple : Théramène dit à Hippolyte qu'il s'agit précisément d'accoucher de son amour pour Aricie :

Quoi ! vous-même, Seigneur, la persécutez-vous ? (*Phèd.* I, 1.)

le temps-maturation de la réalité)[1] ; *vivre* (*vivez,* ce mot de tous les confidents, désigne nommément le dogmatisme tragique comme une volonté d'échec et de mort : il suffirait que le héros fasse de la vie une valeur pour qu'il soit sauvé). Sous ses trois formes, dont la dernière impérative, la viabilité recommandée par le confident est bien la valeur la plus anti-tragique qui soit ; le rôle du confident n'est pas seulement de la représenter ; il est aussi d'opposer aux alibis dont le héros recouvre sa volonté d'échec une *Ratio* extérieure à la tragédie et qui en quelque sorte l'explique : il *plaint* le héros, c'est-à-dire que d'une certaine manière il atténue sa responsabilité : il le croit libre de se sauver mais non point de faire le mal, *agi* dans l'échec et pourtant disponible à son issue ; c'est tout le contraire du héros tragique qui revendique une responsabilité pleine lorsqu'il s'agit d'assumer une faute ancestrale qu'il n'a pas commise, mais se déclare impuissant lorsqu'il s'agit de la dépasser, qui se veut libre, en un mot, d'être esclave mais non point libre d'être libre. Peut-être que dans le confident, bien qu'il soit gauche et souvent très sot, se profile déjà toute cette lignée de valets frondeurs qui opposeront à la régression psychologique du maître et seigneur, une maîtrise souple et heureuse de la réalité.

La peur des signes

Le héros est enfermé. Le confident l'entoure mais ne peut pénétrer en lui ; leurs langages s'échangent sans cesse, ne coïncident jamais. C'est que la fermeture du héros est une peur, à la fois très profonde et très immédiate, entretenue à la surface même de la communication humaine : le héros vit dans un monde de signes, il se sait concerné par eux, mais ces signes ne

1.   Cédez, mon frère, à ce bouillant transport :
       Alexandre et le temps vous rendront le plus fort. (*Alex.* III, 3.)

       Laissez à ce torrent le soin de s'écouler. (*Bér.* III, 4.)

       Mais ce succès, Madame, est encore incertain.
       Attendez. (*Baj.* III, 3.)

sont pas sûrs. Non seulement le Destin ne les confirme jamais, mais encore il ajoute à leur confusion en appliquant un même signe à des réalités différentes ; dès que le héros commence à se confier à une signification (on dit alors *se flatter*), quelque chose intervient là, disjoint et jette le héros dans le trouble et la déception ; aussi le monde lui apparaît-il couvert de « couleurs », et ces couleurs sont des pièges. La fuite de l'objet aimé (ou son substitut oral, le silence), par exemple, est terrible, parce qu'elle est une ambiguïté au second degré ; on n'est jamais sûr qu'elle soit fuite : comment le négatif peut-il produire un signe, le néant se signifier ? Dans l'enfer des significations, la fuite est le premier des supplices (la haine donne au héros une sécurité bien plus grande, puisque, précisément, elle est sûre).

Le monde étant réduit à la seule relation du couple, c'est l'Autre tout entier qui est sans cesse interrogé ; le héros déploie des efforts immenses, douloureux, pour *lire* le partenaire auquel il est lié. La *bouche* étant le lieu des faux signes [1], c'est vers le visage que le lecteur se porte sans cesse : la chair est comme l'espoir d'une signification objective : le *front*, qui est comme un visage lisse, dénudé, où s'imprime en clair la communication qu'il a reçue [2], et surtout les *yeux*, dernière instance de la vérité [3]. Mais le

---

1.   J'attendais, pour vous croire,
      Que cette même bouche, après mille serments
      D'un amour qui devait unir tous nos moments,
      Cette bouche, à mes yeux s'avouant infidèle,
      M'ordonnât elle-même une absence éternelle. (*Bér.* IV, 5.)

      Ah ! croyez-vous que, loin de le penser,
      Ma bouche seulement eût pu le prononcer ? (*Baj.* III, 4.)

2. Exemple :

      Je verrai le témoin de ma flamme adultère
      Observer de quel front j'ose aborder son père. (*Phèd.* III, 3.)

En dépit du caractère réputé conventionnel de la langue classique, je crois mal à la sclérose de ses images. Je crois au contraire que cette langue tire sa spécialité (et sa très grande beauté) du caractère ambigu de ses métaphores, qui sont à la fois concept et objet, signe et image.

3.   Ma bouche mille fois lui jura le contraire.
      Quand même jusque-là je pourrais me trahir,
      Mes yeux lui défendront, Seigneur, de m'obéir. (*Brit.* II, 3.)

signe le plus sûr, c'est évidemment le signe *surpris* (une lettre, par exemple) : le malheur assuré devient joie qui inonde, provoque enfin à l'action : c'est ce que Racine appelle la *tranquillité* [1].

Voilà peut-être le dernier état du paradoxe tragique : que tout système de signification y soit double, objet d'une confiance infinie et d'une suspicion infinie. On touche ici au cœur de la désorganisation : le langage. La conduite du héros racinien est essentiellement verbale ; mais aussi par un mouvement d'échange, son verbe se donne sans cesse pour une conduite, en sorte que le discours de l'homme racinien est fait d'un mouvement immédiat : il est *jeté* devant nous (je distingue bien entendu soigneusement le langage de l'écriture). Si, par exemple, on prosaïse le discours racinien, sans aucun égard pour le drapé du ton, ce qu'on trouve c'est une agitation formée de mouvements, d'exclamations, de provocations, d'enchérissements, d'indignations, bref la génétique même du langage, non sa maturité. Le *logos* racinien ne se détache jamais de lui-même, il est expression, non transitivité, il n'introduit jamais au maniement d'un objet ou à la modification d'un fait ; il reste toujours dans une sorte de tautologie épuisante, langage du langage. Il est probable que l'on pourrait le ramener à un nombre fini d'articulations ou de clausules, d'une nature entièrement *triviale* : non point parce que les « sentiments » sont vulgaires (ce qu'a cru avec délice la critique vulgaire, celle de Sarcey et de Lemaître [2]), mais parce que la trivialité est la forme propre du sous-langage, de ce *logos* qui naît sans cesse et ne s'accomplit jamais. C'est d'ailleurs là même qu'est la réussite de Racine : son écriture poétique a été suffisamment transparente pour laisser deviner le caractère presque

---

Le nom d'amant peut-être offense son courage ;
Mais il en a les yeux, s'il n'en a le langage. (*Phèd.* II, 1.)

1.   Libre des soins cruels où j'allais m'engager,
Ma tranquille fureur n'a plus qu'à se venger. (*Baj.* IV, 5.)

2. Pour cette critique, Racine, dans *Andromaque* par exemple, mettait sur scène le cas d'une veuve, qui hésite, avant de se remarier, entre son enfant et le souvenir de son mari. (Cité par Adam, *Histoire de la littérature française au XVIIe siècle*, tome IV, p. 319.)

poissonnier de la « scène » : le substrat articulatoire est si proche, qu'il donne au discours racinien une sorte de respiration souple, de relaxation, et je dirais presque de « swing ».

Logos et Praxis

Ce que la tragédie racinienne met au jour, c'est une véritable universalité du langage. Le langage absorbe ici, dans une sorte de promotion enivrée, toutes les fonctions dévolues ailleurs à d'autres conduites ; on pourrait presque dire que c'est un langage *polytechnique* : il est un organe, peut tenir lieu de la vue, comme si l'oreille voyait [1], il est un sentiment, car aimer, souffrir, mourir, ce n'est jamais ici que parler ; il est une substance, il protège (être *confondu*, c'est cesser de parler, c'est être découvert) ; il est un ordre, il permet au héros de justifier ses agressions ou ses échecs et d'en tirer l'illusion d'un accord au monde ; il est une morale, il autorise à convertir la passion en *droit*. Voici peut-être la clef de la tragédie racinienne : parler, c'est faire, le Logos prend les fonctions de la Praxis et se substitue à elle : toute la déception du monde se recueille et se rédime dans la parole, le faire se vide, le langage se remplit. Il ne s'agit nullement de verbalisme, le théâtre de Racine n'est pas un théâtre bavard (bien moins en un sens que celui de Corneille), c'est un théâtre où agir et parler se poursuivent et ne se rejoignent que pour se fuir aussitôt. On pourrait dire que la parole n'y est pas action mais réaction. Cela explique peut-être pourquoi Racine s'est soumis si facilement à la règle formelle de l'unité de temps : pour lui le temps parlé n'a aucune peine à coïncider avec le temps réel, puisque la réalité, c'est la parole ; pourquoi aussi il a fait de *Bérénice* le modèle de sa dramaturgie : l'action y tend à la nullité, au profit d'une parole démesurée [2].

---

1. Le Sérail permet de faire de l'oreille un véritable organe de perception (*Baj.* I, 1).
2. « Le héros et l'héroïne… qui bien souvent souffrent le plus et font le moins » (D'Aubignac, cité par Schérer, *Dramaturgie française*, p. 29).

La réalité fondamentale de la tragédie, c'est donc cette parole-action. Sa fonction est évidente : médiatiser la Relation de Force. Dans un monde inexorablement divisé, les hommes tragiques ne communiquent que par le langage de l'agression : ils *font* leur langage, ils parlent leur division, c'est la réalité et la limite de leur statut. Le *logos* fonctionne ici comme un précieux tourniquet entre l'espoir et la déception : il donne au conflit originel l'issue d'un troisième terme (parler, c'est durer), il est alors pleinement un faire ; puis il se retire, redevient langage, laisse de nouveau le rapport sans médiation et replonge le héros dans l'échec fondamental qui le protège. Ce *logos* tragique, c'est l'illusion même d'une dialectique, c'est la forme de l'issue, mais ce n'en est que la forme : une fausse porte, contre laquelle le héros vient sans cesse donner, qui est tour à tour le dessin de la porte et son plein.

Ce paradoxe explique le caractère affolé du *logos* racinien : il est à la fois agitation des mots et fascination du silence, illusion de puissance et terreur de s'arrêter. Confinés dans la parole, les conflits sont évidemment circulaires, car rien n'empêche l'autre de parler encore. Le langage dessine le monde délicieux et terrible des revirements infinis et infiniment possibles ; d'où souvent chez Racine une sorte de marivaudage patient de l'agression : le héros se fait exagérément sot pour entretenir la contention, retarder le temps atroce du silence. Car le silence est irruption du faire véritable, effondrement de tout l'appareil tragique : mettre fin à la parole, c'est engager un processus irréversible. Voici donc qu'apparaît la véritable utopie de la tragédie racinienne : celle d'un monde où la parole serait solution ; mais aussi sa véritable limite : l'improbabilité. Le langage n'est jamais une preuve : le héros racinien ne peut jamais se prouver : on ne sait jamais qui parle à qui [1]. La tragédie est seulement un échec qui se parle.

---

1. « Psychologiquement », le problème de l'authenticité du héros racinien est insoluble : il est impossible de définir une *vérité* des sentiments de Titus à l'égard de Bérénice. Titus devient *vrai*, seulement au moment où il se sépare de Bérénice, c'est-à-dire où il passe du *Logos* à la *Praxis*.

Mais, parce que le conflit entre l'être et le faire se résout ici en paraître, un art du spectacle est fondé. Il est certain que la tragédie racinienne est l'une des tentatives les plus intelligentes que l'on ait jamais faites pour donner à l'échec une profondeur esthétique : elle est vraiment l'art de l'échec, la construction admirablement retorse d'un spectacle de l'impossible. En cela elle semble combattre le mythe, puisque le mythe part de contradictions et tend progressivement à leur médiation[1] : la tragédie, au contraire, immobilise les contradictions, refuse la médiation, tient le conflit ouvert ; et il est vrai que chaque fois que Racine s'empare d'un mythe pour le convertir en tragédie, c'est toujours en un sens pour le récuser, le paralyser, en faire une fable définitivement close. Mais précisément, soumis à une réflexion esthétique profonde, enfermé dans une forme, systématisé de pièce en pièce en sorte qu'on peut parler d'une véritable tragédie racinienne, repris enfin par toute une postérité avec admiration, ce refus du mythe devient lui-même mythique : *la tragédie, c'est le mythe de l'échec du mythe* : la tragédie tend finalement à une fonction dialectique : du *spectacle* de l'échec, elle croit pouvoir faire un dépassement de l'échec, et de la passion de l'immédiat une médiation. Toutes choses ruinées, la tragédie reste un *spectacle*, c'est-à-dire un accord avec le monde.

---

1. Cl. Lévi-Strauss, *Anthropologie structurale,* ch. XI. (Plon).

Les œuvres

La Thébaïde

Quel est le sujet de *La Thébaïde* ? La haine. Il y a bien des haines dans le théâtre de Racine. Axiane hait Taxile, Hermione Andromaque, Néron Britannicus, Roxane Atalide, Ériphile Iphigénie, Aman Mardochée, Joad Mathan. Ce sont là des haines franches, hétérogènes pourrait-on dire. Il y a aussi des haines ambiguës, familiales ou amoureuses, celles qui opposent des êtres *naturellement* très proches : Agrippine et Néron, Xipharès et Pharnace, Roxane et Bajazet, Hermione et Pyrrhus, Athalie et Joas. Dans *La Thébaïde,* la haine est de cette sorte-là. C'est une haine homogène, elle oppose le frère au frère, le même au même[1]. Etéocle et Polynice sont si semblables, que la haine est entre eux comme un courant interne qui agite une même masse. La haine ne divise pas les deux frères : Racine nous dit sans cesse qu'elle les rapproche ; ils ont besoin l'un de l'autre pour vivre et pour mourir, leur haine est l'expression d'une complémentarité, elle tire sa force de cette unité même : ils se haïssent de ne pouvoir se distinguer.

C'est donc peu de dire qu'ils sont proches : ils sont contigus. Frères jumeaux, enfermés dès l'origine de la vie dans le même œuf, élevés ensemble dans le même lieu, ce palais où aujourd'hui ils sont confrontés[2], ils ne se sont jamais quittés ; un arrêt

---

1. Pendant le XVIIe siècle, *La Thébaïde* s'est surtout appelée *Les Frères ennemis.*

2.   Considérez ces lieux où vous prîtes naissance… (IV, 3.)

de leur père les a condamnés à occuper la même fonction, et cette fonction (la royauté de Thèbes) est une place : occuper le même trône, c'est, à la lettre, occuper le même espace[1] ; combattre pour ce trône, c'est disputer le lieu où ils veulent loger leur propre corps, c'est rompre enfin cette loi qui les a faits jumeaux.

Née d'une unité physique, c'est dans le corps même de l'adversaire que la haine va chercher sa force d'entretien. Condamnés par la nature et la décision de leur père à une coexistence infinie, les deux frères puisent dans cet enlacement le ferment précieux de leur conflit. Dès avant leur naissance, nous dit Racine, dans le ventre même de leur mère, déjà collés l'un à l'autre, les deux fœtus combattaient[2]. De cette scène originelle, leur vie n'est qu'une répétition monotone. Le trône où les place en même temps leur père (car la succession alternée des règnes n'est évidemment qu'un substitut mathématique de la coïncidence des espaces), le trône ne fait que répéter cette aire primitive. Ce qu'ils souhaitent pour vider leur haine, ce n'est nullement la bataille, l'anéantissement stratégique, abstrait, de l'ennemi : c'est le corps à corps individuel, c'est l'embrassement physique ; et c'est ainsi qu'ils meurent, dans le champ clos. Que ce soit matrice, trône ou arène, ils ne peuvent jamais échapper au même espace qui les enferme, un protocole unique a réglé leur naissance, leur vie et leur mort. Et l'effort qu'ils font pour s'arracher l'un de l'autre n'est que le triomphe final de leur identité.

Le premier conflit racinien est donc déjà un corps à corps. C'est là, je crois, l'originalité de *La Thébaïde* : non que deux frères se haïssent, thème hérité d'un folklore très ancien ; mais que cette haine soit la haine de deux corps, que le corps soit l'ali-

---

1. Jamais dessus le trône on ne vit plus d'un maître ;
   Il n'en peut tenir deux, quelque grand qu'il puisse être... (IV, 3.)

   Le trône pour vous deux avait trop peu de place ;
   Il fallait entre vous mettre un plus grand espace... (V, 2.)

2. Pendant qu'un même sein nous renfermait tous deux,
   Dans les flancs de ma mère une guerre intestine
   De nos divisions lui marqua l'origine (IV, 1.)

ment souverain de la haine[1]. Dès ce moment, l'impatience du
héros racinien est physique, il lutte toujours contre une fascination, commune à l'amour et à la haine[2] : Éros est une puissance
ambiguë.

Racine a bien compris que c'était en insistant sur la nature cor-
porelle de cette haine qu'il rendait le mieux compte de sa gra-
tuité. Il y a sans doute entre les deux frères une contestation politique autour du pouvoir : Polynice s'appuie sur le droit divin,
Etéocle sur le suffrage populaire, deux conceptions du Prince
semblent s'affronter. Mais en fait, le vrai Prince, c'est Créon : lui
veut régner. Pour les deux frères, le trône n'est qu'un alibi[3] : ils
se haïssent absolument, et ils le savent par cette émotion physique qui les saisit l'un en face de l'autre[4]. Racine a très bien
deviné cette vérité toute moderne, que c'est finalement le corps
d'autrui qui est son essence la plus pure : c'est parce qu'elle est
physique que la haine des deux frères est une haine d'essence[5].
Organique, elle a toutes les fonctions d'un absolu : elle occupe,
nourrit, console du malheur, donne de la joie, permane au-delà de
la mort[6] ; bref elle est une transcendance. Elle fait vivre en même
temps qu'elle fait mourir, et c'est là son ambiguïté très moderne.

Car cette première haine racinienne, par une confusion capitale, est déjà à la fois un mal et son remède. Il faut ici remonter
à son origine : le Sang qui coule dans les veines des deux ennemis, l'inceste, la faute du Père. Or nous savons que chez Racine,
le Sang, le Destin et les Dieux sont une même force négative, un

---

1. Je veux qu'en se voyant leurs fureurs se déploient,
    Que rappelant leur haine, au lieu de la chasser,
    Ils s'étouffent, Attale, en voulant s'embrasser. (III, 6.)

    Plus il approche, et plus il me semble odieux. (IV, 1.)

2. … Et que dans notre sang il voulut mettre au jour
    Tout ce qu'ont de plus noir et la haine et l'amour. (IV, 1.)

3. J'aurais même regret qu'il me quittât l'empire. (IV, 1.)

4.   … Cette approche excite mon courroux.
    Qu'on hait un ennemi quand il est près de nous ! (IV, 2.)

5. Ce n'est pas son orgueil, c'est lui seul que je hais. (IV, 1.)

6. Tout mort qu'il est, Madame, il garde sa colère. (V, 3.)

mana, un *ailleurs* dont le vide dessine l'irresponsabilité humaine. Les deux frères ne peuvent être responsables d'une haine qui leur vient d'un au-delà d'eux-mêmes – et c'est là leur malheur – mais ils peuvent en inventer les formes, faire de cette haine un protocole auquel ils président pleinement : assumer leur haine, c'est déjà rencontrer la liberté tragique, qui n'est autre que la reconnaissance d'une Nécessité. Les deux frères se connaissent haineux comme Phèdre se connaîtra coupable, et cela accomplit la tragédie. Nous voici au cœur de la métaphysique racinienne : l'homme paye de sa faute le caprice des Dieux [1], il se fait coupable pour absoudre les Dieux ; en accomplissant un crime qu'il n'a pas voulu, il redresse d'une façon propitiatoire l'absurdité scandaleuse d'un Dieu qui punit ce qu'il a lui-même ordonné [2], confond la faute et la punition, fait de l'acte humain à la fois un crime et un tourment, et ne définit l'homme que pour le condamner. Ainsi s'ébauche dans *La Thébaïde* un système blasphématoire qui aura son couronnement dans les dernières tragédies, *Phèdre, Athalie.* Le fond de ce système est une théologie inversée : l'homme prend sur lui la faute des Dieux, son Sang rachète leur malignité. Les Dieux ont mis injustement la haine entre Etéocle et Polynice ; en acceptant de vivre cette haine, Etéocle et Polynice justifient les Dieux.

Entre les Dieux, puissants et coupables, et l'homme, faible et innocent, il s'établit ainsi une sorte de compromis, qui est le Mal ; une légalité très archaïque nourrit les deux termes du rapport de force : les Dieux et les hommes ; telle est l'économie de la tragédie rigoureuse. Mais nous savons que celle de Racine est un système baroque ; un héritage très ancien, venu à la fois du fond des âges et du fond de Racine, y lutte avec les premières forces de l'esprit bourgeois ; la tragédie racinienne est impure, il y a toujours en elle quelque point de pourrissement. Dans *La Thébaïde,* ce point existe : c'est Créon. Créon esquisse une

---

3. Les Dieux ? ou Dieu ? Racine dit élégamment : le Ciel.

4.   Voilà de ces grands Dieux la suprême justice !
     Jusques au bord du crime ils conduisent nos pas ;
     Ils nous le font commettre, et ne l'excusent pas ! (III, 2.)

rupture de la légalité tragique [1], à peu près comme Pyrrhus dans *Andromaque* ou Néron dans *Britannicus*. Du complexe parasitaire qui unit les Dieux et les frères, il entend s'échapper. Pour lui, le monde existe, et c'est là son salut. La haine des jumeaux est un mouvement sans objet, qui tourne infiniment sur lui-même ; les passions de Créon savent s'arrêter sur une fin qui leur est extérieure, elles se donnent des objets réels, mondains : il aime une femme, il veut régner ; son échec même est contingent, il n'est pas un Destin. Face à la Loi collective, au Sang familial, au Temps répété de la Vendetta, il dessine le statut du premier homme racinien, qui ne reconnaît plus le Passé comme une valeur et ne veut puiser qu'en lui sa propre Loi [2].

L'opposition poétique n'est donc pas entre les deux frères, elle est entre eux et Créon. Faisant du Sang qui les unit la substance même de leur haine, les jumeaux vivent la Nature comme un enfer, mais ils n'en sortent pas ; ils ne font que substituer à la fraternité son contraire ; en inversant les termes du rapport affectif, ils y restent enfermés, et c'est la symétrie même de leur situation qui leur interdit toute issue ; ils sont collés l'un à l'autre par un rapport d'agression, c'est-à-dire de pure complémentarité. Créon, lui, rompt ce protocole ; il n'a pas d'ennemis, il n'a que des obstacles : indifférent, et non hostile, à la filialité [3], sa liberté passe par une *dénaturation* explicite [4] : il est déjà cette figure secondaire et pourtant menaçante que l'on trouve dans toute la tragédie racinienne comme la Destruction de la Tragédie, et qui est l'Individu.

---

1. Cette rupture est également ébauchée par Hémon, qui définit son amour *contre* les Dieux. (II, 2.)

2.   Et sans me rappeler des ombres des enfers,
     Dis-moi ce que je gagne, et non ce que je perds. (V, 4.)

3.   Le nom de père, Attale, est un titre vulgaire. (V, 4.)

4.   La nature est confuse et se tait aujourd'hui. (V, 2, var.)

Alexandre

À première vue, l'*Alexandre* est une œuvre de style encore féodal : on y voit l'affrontement de deux combattants, également valeureux, dont l'un est intraitable face à l'autre qui est victorieux ; la vendetta s'éterniserait si par un acte de générosité sublime, le vainqueur impérial ne mettait fin pour toujours au conflit : la Monarchie triomphante interrompt la loi ancienne et fonde un ordre nouveau : c'est du moins ce que Racine voulait qu'on applaudît dans sa pièce [1].

En fait, Alexandre et Porus forment un faux couple. Alexandre est un dieu, il ne combat pas ; ou mieux encore, pourvu de troupes réelles et non d'armes verbales, il combat hors de la tragédie. Le vrai couple ici, c'est Porus et Taxile, soutenus par leurs doubles, Axiane et Cléofile ; ce sont eux, les deux rois indiens, qui sont les vrais Frères ennemis. L'un, courageux, fier, est le gardien orgueilleux de la loi vendettale, l'autre cherche à la rompre au prix d'une valeur assez inouïe dans la tragédie : la lâcheté. Tout l'intérêt d'*Alexandre* (et non des moindres), c'est la lâcheté de Taxile.

Taxile pactise avec l'ennemi avant même de le combattre ; il sait produire astucieusement les alibis nécessaires à toute collaboration politique : pacifiste, il fait appel aux valeurs de civilisation, évoque les affinités culturelles, religieuses, des deux pays en guerre, rappelle opportunément qu'un ancien circuit d'échanges les rapproche : l'Histoire est du côté de la Paix. C'est un collaborateur-né : Alexandre a flairé en lui la collaboration avant même qu'il se déclare [2]. Bien plus : il se peut que de la lâcheté, il ait un véritable goût et qu'il soit traître par l'un de ces projets profonds

---

1. « Le véritable sujet de la pièce… (est) … la générosité de ce conquérant » (Préface I).
2. Taxile dit d'Alexandre :

> Il cherche une vertu qui lui résiste moins,
> Et peut-être il me croit plus digne de ses soins. (I, 1.)

où l'homme brûle sa liberté[1]. Sa bassesse n'est pas circonstancielle : non seulement il est prêt à céder son pays à l'occupant (pour des avantages qui ne sont d'ailleurs pas précisés), mais aussi sa sœur[2] ; il y a en lui comme un sens gratuit du proxénétisme (pour ne pas employer un mot plus trivial) ; la lâcheté lui est de si peu d'intérêt, il la sent tellement comme sa liberté, qu'il éprouve à son égard comme une coquetterie : en un mot, la lâcheté est un rôle qu'il assume. Le choix en est si manifeste dans Taxile qu'on n'hésite pas à porter à son crédit quelques mauvais sentiments dont il n'a pas encore donné la preuve, notamment l'ingratitude[3] (dont on sait la place éminente dans l'enfer racinien).

Cette lâcheté a-t-elle un cœur, une fibre centrale ? C'est une lâcheté physique. Axiane le sait très bien : lorsqu'elle veut acculer Taxile à sa vérité, c'est la peur du combat qu'elle trouve : que Taxile combatte, dit-elle ironiquement, s'il veut démentir sa propre essence[4]. Cette lâcheté a d'ailleurs chez Racine même un nom physique : c'est la mollesse[5]. Taxile est fait d'une matière visqueuse, qui cède pour mieux triompher. Lui-même connaît sa propre substance et sait en donner la théorie[6] ; il sent Alexandre comme une force séparatrice, un « torrent » ; il suffit de céder à son passage, puis de se fermer, de se reconstituer derrière lui. Son arme est l'effacement, sa défense le glissement ; les mots les plus cinglants ne l'atteignent pas, la « gloire » ne l'intimide pas (s'il se fait tuer, c'est pour posséder Axiane, non pour la méri-

---

1. Cléofile dit à son frère, en évoquant les « sujets » d'Alexandre :

    Ah ! si ce nom vous plaît, si vous cherchez à l'être… (I, 1.)

2.   Vous m'avez engagée à souffrir son amour
    Et peut-être, mon frère, à l'aimer à mon tour. (I, 1.)

3. Axiane à Taxile :

    Des traîtres comme toi font souvent des ingrats. (III, 2.)

4. Axiane à Taxile :

    Il faut, s'il est vrai que l'on m'aime,
    . . . .
    Il faut combattre, vaincre, ou périr sous les armes... (IV, 3.)

5. Porus en parlant de Taxile :

    Je craignais beaucoup plus sa molle résistance. (II, 5.)

6. I, 2.

ter) ; seul le résultat compte, qui est d'obtenir Axiane. Il est donc logique que ce « lâche » prenne délibérément à son compte la puissance qui est la plus antipathique à la tragédie : la durée[1].

Il y a pourtant dans cette masse molle quelque chose qui en trouble l'homogénéité : Taxile est amoureux. L'être se divise[2], sa lâcheté même n'est plus unie ; le personnage atteint alors – d'une façon dérisoire – au statut du héros tragique : il est disjoint, un scandale intérieur attente à sa quiétude, cette quiétude fût-elle celle de la bassesse. La dualité saisit ici de véritables substances : d'un côté l'être de Taxile, sa mollesse, son élasticité, sa douceur ; de l'autre côté, le *faire* de Taxile, cet amour inconditionnel pour une femme dure, contrainte (elle n'avoue même pas son amour à Porus), serrée, dont la parole pénètre comme un acier[3]. Car ce qui joint Taxile à Axiane, c'est en fait une complémentarité : ils sont unis par un rapport *exactement* contraire, l'être et le *faire* de Taxile sont *exactement* divisés. Aussi le couple racinien est-il ici, non pas Axiane et Porus ou Alexandre et Cléofile, mais bien Axiane et Taxile ; l'un et l'autre vont se ranger dans la grande contradiction racinienne des substances, y rejoindre les couples construits à leur image, les solaires et les ombreux, Pyrrhus et Andromaque, Néron et Junie, Roxane et Bajazet, Mithridate et Monime. L'ombre – dont on sait qu'elle est bien plus substance liée que privation de lumière – l'ombre est ici l'homme ; c'est la femme qui est virile, parce que c'est elle qui blesse, divise, mutile. Taxile court sans cesse après sa virilité, il sait qu'il ne peut la tenir que d'Axiane ; comme tous les hommes raciniens, il tente de confondre en lui le mâle et le geôlier, de faire d'Axiane un objet captif, puisque chez Racine ce seul rapport fait une sexualité pleine. Mais la tentative est dérisoire, parce que les termes en sont dès l'origine

1. C'est son double Cléofile qui le dit en s'adressant à Taxile :
   Alexandre et le temps vous rendront le plus fort. (III, 3.)
2. Sais-je pas que Taxile est une âme incertaine,
   Que l'amour le retient quand la crainte l'entraîne ? (I, 3.)
3.   Approche, puissant roi,
   Grand monarque de l'Inde, on parle ici de toi. (IV, 3.)

inversés : la masse ne peut envelopper le fer, ce qui lie vaincre ce qui mutile, c'est là, chez Racine, un échec qui est pour ainsi dire *donné* et qui fait tout le sens de son théâtre.

L'opposition substantielle qui organise en quelque sorte le rapport de Taxile et d'Axiane se voit encore mieux si l'on songe que Taxile a un double : Cléofile[1]. De même substance morale que Taxile[2], Cléofile en est à la fois la sœur et la mère, car c'est d'elle que Taxile tient sa mollesse, c'est-à-dire son être[3]. Près de Cléofile, Taxile n'est que trop lui-même, c'est un héros réconcilié ; mais par là même, passer à Axiane, c'est se retourner contre Cléofile : le passage douloureux de la mère à l'amante ne se fait une fois de plus chez Racine que dans le désastre : Taxile perd à la fois l'une et l'autre, comme Néron perd Agrippine et Junie. Double avant d'être ennemie, Cléofile représente bien cette oscillation entre le même et l'autre, qui ne trouve jamais son repos.

Ce qu'il y a de très intéressant dans Cléofile, c'est que c'est un double heureux : moins parce qu'elle est aimée que parce qu'elle accepte de s'aliéner à qui l'aime. Ombreuse et captive, elle retrouve un rapport *droit* avec le solaire Alexandre. Non seulement elle assume sa captivité (c'est comme captive qu'elle a aimé Alexandre[4]), mais aussi elle fait de cette captivité l'ombre heureuse que fait un dieu : Alexandre, dit-elle, purifie ce qu'il touche[5], il abolit toutes contradictions[6], il est source abso-

---

1. Duplicité parfaite, puisque Cléofile *vend* Taxile comme Taxile a vendu Cléofile :

> Va, tu sers bien le maître à qui ta sœur te donne,

dit Axiane à Taxile. (III, 2.)

2. Cléofile empiège, son arme est la ruse :

> Sais-je pas que sans moi sa timide valeur
> Succomberait bientôt aux ruses de sa sœur ? (I, 3.)

3. Elle en a fait un lâche... (V, 3.)

4. Mon cœur...
> Se consolait déjà de languir dans ses fers ;
> Et loin de murmurer contre un destin si rude,
> Il s'en fit, je l'avoue, une douce habitude. (II, 1.)

5. Son choix à votre nom n'imprime point de taches. (I, 1.)

6. Quoiqu'il brûle de voir tout l'univers soumis,
> On ne voit point d'esclave au rang de ses amis. (I, 1.)

lue de valeurs[1]. Ainsi la générosité du conquérant couronne un ordre juste des substances : la clémence guerrière, l'oblation morale expriment en fait la réussite rare d'un rapport humain.

La façon dont tout ce monde exorcise en quelque sorte l'échec de Taxile est fort curieuse, car elle annonce déjà une autre tragédie de Racine, qui présente le même genre d'oblation et aura le même succès qu'*Alexandre* : *Iphigénie*. Dans ces deux œuvres, la tragédie est indirecte, reléguée : dérisoire dans *Alexandre* sous les traits de Taxile, secondaire dans *Iphigénie* sous ceux d'Ériphile. Ici et là, c'est le personnage noir qui prend sur lui la tragédie et en libère tout un peuple d'acteurs qui ne demandent qu'à vivre ; et ici comme là, le mal ainsi fixé, la tragédie exorcisée, les vivants peuvent très bien lui rendre un solennel (et hypocrite) hommage : au sacrifice spectaculaire d'Ériphile arrachant le couteau des mains de Calchas pour s'en frapper, correspond le « superbe tombeau » élevé à Taxile par Alexandre, Porus, Axiane et même Cléofile[2] : c'est la tragédie qui est ici sacrifiée, là enterrée.

Andromaque

Dans *La Thébaïde*, il n'y a d'autre issue à la vengeance que le meurtre ; dans *Alexandre*, que la lâcheté ou la clémence surhumaine. Voici que dans *Andromaque* Racine pose une troisième fois la même question : comment passer d'un ordre ancien à un ordre nouveau ? Comment la mort peut-elle accoucher de la vie ? Quels sont les droits de l'une sur l'autre ?

L'ordre ancien est jaloux : il *maintient*. C'est l'ordre de la Fidélité (la langue du XVIIe siècle dispose ici d'un mot précieusement ambigu, à la fois politique et amoureux, c'est la *Foi*) ; son immobilité est consacrée par un rite, le serment. Andromaque a juré fidélité à Hector, Pyrrhus s'est engagé solen-

---

1.   C'est à vous de vous rendre
    L'esclave de Porus ou l'ami d'Alexandre. (I, 1.)

2.   Et qu'un tombeau superbe instruise l'avenir
    Et de votre douleur et de mon souvenir. (V, scène dern.)

nellement envers Hermione[1]. Cet ordre formaliste est un cercle, *il est ce dont on ne peut sortir*, la clôture est sa définition suffisante. Naturellement cette clôture est ambiguë : elle est prison, mais elle peut être aussi asile[2], l'ordre ancien est une sécurité : Hermione s'y réfugie sans cesse[3], Pyrrhus frémit d'en sortir[4]. Il s'agit donc d'une Légalité véritable, d'un contrat : la Loi demande, en échange de quoi elle protège. Dans les deux pièces précédentes, cette ancienne Légalité (bien que chaque fois bicéphale : Etéocle et Polynice, Porus et Axiane) restait indifférenciée ; dans *Andromaque*, sans que sa revendication perde de sa violence, elle se divise.

Hermione en est la figure archaïque et par conséquent (puisqu'il s'agit en somme d'une crise d'individualisme) la mieux socialisée. Hermione est en effet le gage d'une société tout entière. Cette société (« *les Grecs* ») dispose d'une idéologie, la vendetta (le sac de Troie, punition du rapt d'Hélène, y alimente sans cesse la vie affective de la patrie), et d'une économie (comme dans toute société solidifiée, l'expédition était à la fois de morale et de profit[5]) ; en un mot, cette société (et Hermione avec elle) jouit d'une *bonne conscience*[6]. La figure centrale, l'alibi incessant, en est le Père (Ménélas), soutenu par les dieux, en sorte que rompre la fidélité à Hermione, c'est rejeter à la fois le Père, le Passé, la Patrie et la Religion[7]. Les pouvoirs de cette

---

1.   Je sais de quels serments je romps pour vous les chaînes. (III, 7.)

        J'ai cru que mes serments me tiendraient lieu d'amour. (IV, 5.)

2. C'est là une ambiguïté fondamentale chez Racine :

        J'ai cru que sa prison deviendrait son asile,

dit Andromaque en parlant d'Astyanax. (III, 6.)

3. Notamment pour se débarrasser d'Andromaque :

        Je conçois vos douleurs ; mais un devoir austère,

        Quand mon père a parlé, m'ordonne de me taire.

        C'est lui qui de Pyrrhus fait agir le courroux. (III, 4.)

4.   Considère, Phœnix, les troubles que j'évite. (II, 5.)

5.   Nos vaisseaux tout chargés des dépouilles de Troie... (II, 1.)

6. Le choix de Pyrrhus offense une légalité de caste. Andromaque est l'étrangère et la captive. (II, 1.)

7.   Va profaner des Dieux la majesté sacrée... (IV, 5.)

société sont entièrement délégués à Hermione, qui les délègue à son double, Oreste. La jalousie d'Hermione est d'ailleurs ambiguë : c'est une jalousie d'amoureuse, mais c'est aussi, au-delà d'Hermione elle-même, la revendication ombrageuse d'une Loi qui réclame son dû [1] et condamne à mort quiconque la trahit : ce n'est pas par hasard que Pyrrhus périt sous les coups des Grecs, qui se substituent au dernier moment, dans l'acte de vengeance, à des délégués que l'amour a rendus peu sûrs. La fidélité amoureuse est donc ici indissolublement liée à la fidélité légale, sociale et religieuse. Hermione concentre en elle des fonctions différentes mais qui sont toutes de contrainte : amoureuse, elle se donne sans cesse pour une « fiancée », une amante légale, solennellement engagée, dont le refus n'est pas un affront personnel mais un véritable sacrilège ; grecque, elle est fille du Roi vengeur, déléguée d'un Passé qui dévore [2] ; morte enfin, elle est Érinye, tourmenteuse, répétition incessante de la punition, vendetta infinie, triomphe définitif du Passé. Meurtrière du mâle, meurtrière de l'enfant qui est son véritable rival parce qu'il est l'avenir, Hermione est tout entière du côté de la Mort, mais d'une mort active, possessive, infernale ; venue d'un passé très ancien, elle est force plutôt que femme ; son double instrumental, Oreste, se donne lui-même pour le jouet (lamentable) d'une très antique fatalité qui le dépasse, sa pente le renvoie bien en arrière de lui-même [3].

Hermione est déléguée par le Père, Andromaque par l'Amant. Andromaque est exclusivement définie par sa fidélité à Hector, et c'est vraiment l'un des paradoxes du mythe racinien que toute une critique ait pu voir en elle la figure idéale d'une mère. Le dit-elle assez qu'Astyanax n'est pour elle que l'image (physique) d'Hector [4], que même son amour pour son fils lui a été

        J'ai cru que tôt ou tard, à ton devoir rendu,
        Tu me rapporterais un cœur qui m'était dû. (IV, 5.)

2.   Et je lui porte enfin mon cœur à dévorer. (V, scène dern.)

3.   Je me livre en aveugle au destin qui m'entraîne. (I, 1.)

4.   C'est Hector, disait-elle, en l'embrassant toujours ;
        Voilà ses yeux, sa bouche… (II, 5.)

expressément commandé par son mari. Son conflit n'est pas celui d'une épouse et d'une mère, il est celui qui naît de deux ordres contraires émanés d'une même source : Hector veut à la fois vivre comme mort et comme substitut, Hector lui a enjoint à la fois la fidélité à la tombe et le salut du fils parce que le fils c'est lui : il n'y a en fait qu'un même Sang, et c'est à lui qu'Andromaque doit être fidèle [1]. Devant la contradiction de son devoir ce n'est nullement sa maternité qu'Andromaque consulte (et si elle l'avait consultée, aurait-elle hésité un instant ?) : c'est la mort, parce que c'est du mort qu'est partie la contradiction, et que par conséquent c'est lui seul qui peut la résoudre ; et c'est parce qu'Andromaque n'est pas une mère, mais une amante, que la tragédie est possible.

Naturellement, il y a une symétrie entre les deux fidélités, celle d'Hermione et celle d'Andromaque. Comme force vindicative, derrière Hermione, il y a les Grecs ; au-delà d'Hector, il y a, pour Andromaque, Troie. A la Grèce des Atrides, correspond point par point l'Ilion des Énéades, ses ancêtres, ses familles, ses dieux, ses morts. Andromaque vit le rapport vendettal de la même façon qu'Hermione ; elle n'a cessé de replacer Pyrrhus dans le conflit des tribus, elle ne le voit que dans ce sang qui unit les deux partis d'un lien infini. Hermione et elle participent, en fait, à une légalité homologue. La différence, c'est qu'Andromaque est vaincue, captive, la légalité qu'elle perpétue est plus fragile que celle d'Hermione : ennemi de toute légalité, c'est à Andromaque, c'est-à-dire à la légalité la plus faible, que Pyrrhus s'attaque. Le passé d'Hermione est pourvu d'armes puissantes ; celui d'Andromaque est réduit à une pure valeur, il ne peut s'affirmer que verbalement (d'où l'invocation incessante d'Andromaque à Hector). Ce vide de la

---

1. On peut imaginer la haine qu'Astyanax vivant pourrait développer contre ce Père qui tient toute sa place : beau sujet pour Racine que la suite d'*Andromaque* (mais c'est dans une certaine mesure *Britannicus*). La fidélité au mari est si dévorante, et l'assimilation du fils à l'époux si étroite, que la maternité en devient incestueuse :

Il m'aurait tenu lieu d'un père et d'un époux. (I, 4.)

légalité troyenne est symbolisé par un objet qui détermine tous
les mouvements offensifs : le tombeau d'Hector ; il est pour
Andromaque refuge, réconfort, espoir, oracle aussi ; par une
sorte d'érotisme funèbre, elle veut l'habiter, s'y enfermer avec
son fils, vivre dans la mort une sorte de ménage à trois[1]. La
fidélité d'Andromaque n'est plus que défensive ; sans doute le
poids du Sang existe encore, Hector prolonge Troie ; mais tous
les ancêtres sont morts ; la fidélité n'est plus ici que mémoire,
oblation vertueuse de la vie au profit du souvenir.

La légalité d'Andromaque est fragile encore pour une autre
raison. Andromaque se trouve devant un véritable dilemme de
fait, non de jugement ; l'alternative où la contraint Pyrrhus la
met en face du réel ; en un mot, et si aliénée qu'elle soit, elle
détient une responsabilité qui engage autrui, c'est-à-dire le
monde. Sans doute essaie-t-elle de l'éluder : en remettant au
tombeau du soin de décider, puis en imaginant une sorte d'état
zéro de l'issue *(Laissez-moi le cacher dans quelque île
déserte)*, enfin en choisissant le suicide. Il n'empêche qu'elle
veut que l'enfant vive, et c'est en cela qu'elle rejoint Pyrrhus.
Elle sent très bien que le salut de l'enfant consacre en fait une
rupture de la légalité qu'elle représente, et c'est pour cela
qu'elle y résiste tant (pendant trois actes, ce qui est beaucoup
pour une mère). Bien plus, elle reconnaît tout ce que ce salut et
cette rupture impliquent : une véritable transformation du
Temps, l'abolition de la Loi vendettale[2], le fondement solennel d'un nouvel usage[3]. L'enjeu lui paraît si important qu'elle
ne trouve que sa propre mort qui en soit la mesure exacte.
Condamnée à représenter le Passé, elle s'immole quand ce
Passé lui échappe. Le suicide d'Hermione est une apocalypse,
Hermione est pure stérilité, elle entraîne volontairement,
agressivement, dans sa propre mort toute la Légalité dont elle

---

1.   Ainsi tous trois, Seigneur, par vos soins réunis... (I, 4.)

2.   Mais qu'il ne songe plus, Céphise, à nous venger. (IV, 1.)

3. La fondation de la nouvelle Loi a lieu devant les dieux, à l'autel où Pyrrhus
épouse Andromaque. Cette solennité rend à juste titre Andromaque sûre de
Pyrrhus. Elle a compris que Pyrrhus veut réellement le salut de l'enfant.

a la charge[1]. Le suicide d'Andromaque est un sacrifice ; il contient en germe un avenir accepté, et ce sacrifice concerne l'être même d'Andromaque : elle consent à se séparer d'une partie d'Hector (Astyanax), à amputer sa fonction de gardienne amoureuse, elle consent à une fidélité incomplète. Bien plus, sa mort signifie qu'Astyanax n'est plus tout à fait pour elle Hector seul ; pour la première fois, elle découvre l'existence d'un Astyanax II, vivant par lui-même, et non comme pur reflet du mort : son fils existe enfin comme enfant, comme promesse. Cette « découverte » lui a été inspirée par la mort : Andromaque se fait ainsi médiatrice entre la mort et la vie : la mort accouche de la vie ; le Sang n'est pas seulement force constrictive, véhicule d'un épuisement ; il est aussi liquide germinatif, viabilité, avenir.

Or toute cette ancienne Légalité, cet ordre de la fidélité inconditionnelle, que ce soit sous sa forme agressive (Hermione) ou atténuée (Andromaque), se trouve dans un état critique, menacée dans l'un et l'autre cas par Pyrrhus. Le danger est nouveau, parce que la contestation ne vient plus comme dans *La Thébaïde* d'une morale « naturelle » (les objurgations de Jocaste et d'Antigone au nom d'une sainte filialité), mais d'une volonté de vivre, débarrassée au départ de tout alibi moral : tout est fermé devant Pyrrhus, en sorte que l'irruption est son mode fondamental d'être : du côté d'Hermione le Père, du côté d'Andromaque le Rival, toutes les places sont déjà prises : s'il veut être, il faut qu'il détruise. Jocaste opposait en somme à la Légalité tribale une Légalité plus restreinte, familiale. Pyrrhus va beaucoup plus loin : il revendique au nom d'une Légalité « à faire ». Le conflit n'est plus ici entre la haine et l'amour ; il est beaucoup plus âprement (et justement) entre ce qui a été et ce qui veut être. Ce n'est plus la paix qui conteste la violence, ce sont deux violences qui s'affrontent ; au déchaînement d'Hermione, à la « bonne conscience » d'Andromaque, répond ouvertement le « dogmatisme » de Pyrrhus[2].

---

1.   Je renonce à la Grèce, à Sparte, à son empire,
       A toute ma famille... (V, 3.)

2. Le débat entre les deux Légalités est sans cesse recouvert par un débat pro-

Le développement du mythe racinien a éloigné Pyrrhus dans un rang secondaire. Mais si l'on pense la pièce en termes de Légalité, nul doute que Pyrrhus ne dirige toute l'économie des forces[1]. Ce qui fait de lui la figure la plus émancipée de tout le théâtre racinien (et j'ose dire la plus sympathique), c'est que dans tout ce théâtre, c'est le seul personnage de bonne foi : décidé à rompre, il cherche lui-même Hermione (IV, 5), et s'explique devant elle sans recourir à aucun alibi ; il n'essaie pas de se justifier, il assume ouvertement la violence de la situation, sans cynisme et sans provocation. Sa justesse vient de sa libération profonde : il ne monologue pas, il n'est pas incertain sur les signes (contrairement à Hermione, tout embarrassée dans une problématique des apparences) ; il veut choisir en lui-même et pour lui seul entre le passé et l'avenir, le confort étouffé d'une Légalité ancienne et le risque d'une Légalité nouvelle. Le problème pour lui, c'est de vivre, de naître à un nouvel ordre, à un nouvel âge. Cette naissance ne peut être que violente : toute une société est là, qui le regarde, le *reconnaît*, et parfois il faiblit, son regard sur lui-même est prêt à se confondre avec le regard de l'ancienne Légalité qui l'a formé[2].

Mais plus souvent ce regard lui est intolérable, et c'est pour s'en affranchir qu'il combat. Le poids d'un amour non partagé se confond pour lui avec l'emprise de l'ordre ancien ; renvoyer Hermione, c'est expressément passer d'une contrainte collective à un ordre individuel où tout est possible ; épouser Andromaque, c'est commencer une *vita nuova* où toutes les valeurs du passé sont en bloc allégrement refusées : patrie, serments, alliances, haines ancestrales, héroïsme de jeunesse, tout est sacrifié à l'exer-

---

prement amoureux ; les personnages passent de l'un à l'autre par un tourniquet incessant. Mais ce tourniquet n'est pas une fuite ; l'amour n'est pas une mystification mais seulement signe d'une totalité qui le comprend.

1. C'est d'ailleurs dans Pyrrhus que Racine a le plus modifié les données antiques. C'est, à ma connaissance, Charles Mauron, à qui je dois beaucoup pour cette analyse d'*Andromaque*, et d'une manière plus générale pour la notion même de la Légalité racinienne, qui a remis Pyrrhus au centre de la pièce (*L'Inconscient dans l'œuvre et la vie de Racine*, éd. Ophrys, Gap, 1957).

2.   J'ai songé, comme vous, qu'à la Grèce, à mon père,
        A moi-même, en un mot, je devenais contraire. (II, 4.)

cice d'une liberté, l'homme refuse ce qui s'est fait sans lui[1], la fidélité s'écroule, privée soudain d'évidence, les mots ne sont plus une terreur, l'ironie d'Hermione devient la vérité de Pyrrhus[2].

De la destruction de l'ancienne Loi vendettale, Pyrrhus veut tirer non seulement un nouvel ordre d'action[3], mais aussi une administration nouvelle du temps, qui ne sera plus fondée sur le retour immuable des vengeances. Pour Andromaque, Hector et Pyrrhus se répondaient, comme meurtriers, l'un des femmes grecques, l'autre des femmes troyennes. Pour Hermione, l'Épire devait être une nouvelle Troie[4], elle-même une seconde Hélène[5]. C'est cette répétition que Pyrrhus veut briser. Cela veut dire que le Temps ne doit pas servir à imiter mais à mûrir ; son « cours » doit modifier le réel, convertir la qualité des choses[6]. Aussi le premier acte du nouveau règne de Pyrrhus (lorsqu'il consacre la rupture en conduisant Andromaque à l'autel), c'est d'abolir le Temps passé : détruire sa propre mémoire est le mouvement même de sa nouvelle naissance[7]. La rupture de Pyrrhus est donc fondation : il prend entièrement en charge l'enfant, il veut que l'enfant vive, s'exalte à fonder en lui une nouvelle paternité[8] ; il s'identifie pleinement à lui[9] : alors que par un mou-

---

1. Nos deux pères sans nous formèrent ces liens... (IV, 5.)

2. Tout cela part...
    D'un héros qui n'est point esclave de sa foi. (IV, 5.)

3. Animé d'un regard, je puis tout entreprendre. (I, 4.)

4. Qu'on fasse de l'Épire un second Ilion. (II, 2.)

5. Quoi ! sans qu'elle employât une seule prière,
    Ma mère en sa faveur arma la Grèce entière...
    Et moi...
    Je me livre moi-même, et ne puis me venger ! (V, 2.)

6. Hé quoi ! votre courroux n'a-t-il pas eu son cours ?
    Peut-on haïr sans cesse ? et punit-on toujours ? (I, 4.)
    Mais enfin, tour à tour, c'est assez nous punir. (I, 4.)

7. Madame, il ne voit rien : son salut et sa gloire
    Semblent être avec vous sortis de sa mémoire. (V, 2.)

8. Je vous rends votre fils, et je lui sers de père. (I, 4.)
    Je voue à votre fils une amitié de père. (V, 3.)

9. Je défendrai sa vie aux dépens de mes jours. (I, 4.)
    Pour ne pas l'exposer, lui-même se hasarde. (IV, 1.)

vement inverse, représentante de l'ancienne Légalité, Andromaque *remontait* sans cesse d'Astyanax à Hector, Pyrrhus
descend de lui-même à Astyanax : au père de la nature, il oppose
un père de l'adoption.

Sans doute cette naissance de Pyrrhus se fait-elle au prix d'un
chantage ; nous ne sommes pas ici dans un monde des valeurs ;
chez Racine, il n'y a jamais d'oblation[1]. Ce qui est cherché frénétiquement, c'est le bonheur, ce n'est pas la gloire, la réalité de
la possession amoureuse, non sa sublimation. Mais ce chantage
prend son droit dans la résistance même d'Andromaque ; il a
pour objet un être entièrement aliéné à son passé et qui n'est pas
lui-même. Ce que Pyrrhus veut d'Andromaque, c'est qu'elle
accomplisse elle aussi sa rupture ; contre le passé, il utilise les
armes du passé, au prix d'ailleurs d'un risque énorme.
Qu'Andromaque entrevoie l'intention profonde de Pyrrhus et
dans une certaine mesure y réponde, c'est ce que laisse supposer
la variante de l'acte V, scène III. Andromaque y prend congé de
l'ancienne Légalité[2]. De toute manière, même si par scrupule
critique on ne veut pas tenir compte de cette scène censurée, le
dénouement de la pièce est sans équivoque : Andromaque prend
expressément la relève de Pyrrhus. Pyrrhus mort, elle décide de
vivre et de régner, non comme amante enfin débarrassée d'un
tyran odieux, mais comme veuve véritable, comme héritière
légitime du trône de Pyrrhus[3]. La mort de Pyrrhus n'a pas libéré
Andromaque, elle l'a initiée : Andromaque a fait sa conversion,
elle est libre.

---

1. L'oblation de Bérénice est en fait une résignation. Mithridate ne meurt pas
pour donner Monime à Xipharès. L'oblation d'Alexandre ne lui coûte rien, car
c'est un dieu. Il n'y a qu'un personnage racinien qui aille jusqu'au bout de son
sacrifice, c'est Hémon, dans *La Thébaïde*.

2.   Vous avez trouvé seule une sanglante voie
        De suspendre en mon cœur le souvenir de Troie.
                                              (Variante de V, 3.)

3.   Aux ordres d'Andromaque ici tout est soumis ;
        Ils la traitent en reine, et nous comme ennemis.
        Andromaque elle-même, à Pyrrhus si rebelle,
        Lui rend tous les devoirs d'une veuve fidèle... (V. 5.)

Britannicus

Néron est l'homme de l'alternative; deux voies s'ouvrent devant lui : se faire aimer ou se faire craindre[1], le Bien ou le Mal. Le dilemme saisit Néron dans son entier : son temps (veut-il accepter ou rejeter son passé?) et son espace (aura-t-il un « particulier » opposé à sa vie publique?). On voit que la journée tragique est ici véritablement active : elle va séparer le Bien du Mal, elle a la solennité d'une expérience chimique – ou d'un acte démiurgique : l'ombre va se distinguer de la lumière; comme un colorant tout d'un coup empourpre ou assombrit la substance-témoin qu'il touche, dans Néron, le Mal va se fixer. Et plus encore que sa direction, c'est ce virement même qui est ici important : Britannicus est la représentation d'un acte, non d'un effet. L'accent est mis sur un *faire* véritable : *Néron se fait*, *Britannicus* est une naissance. Sans doute c'est la naissance d'un monstre; mais ce monstre va vivre et c'est peut-être pour vivre qu'il se fait monstre.

L'alternative de Néron est pure, c'est-à-dire que ses termes en sont symétriques. Deux figures la dessinent, forment comme la double postulation de Néron. Burrhus et Narcisse sont des homologues. Comme conseiller vertueux, l'Histoire suggérait plutôt Sénèque. Racine a craint que l'intellectuel ne s'opposât pas suffisamment au cynique, il lui a substitué un militaire qui ne sait pas parler; pour emporter la décision de Néron, Burrhus doit renoncer au langage, se jeter aux pieds de son maître, menacer de se tuer; à Narcisse, il suffit de parler; naturellement, pour être efficace, sa parole se fait indirecte; la parole de Burrhus est topique, c'est pourquoi elle échoue; celle de Narcisse est dialectique.

Car l'échec de Burrhus est celui d'une persuasion, non d'un système. La solution de Burrhus n'est pas sans valeur et Néron l'écoute. Cette solution est essentiellement mondaine : que Néron se fasse reconnaître par le monde, qu'il accepte d'être

---

1.   Las de se faire aimer, il veut se faire craindre... (I, 1.)

défini, créé par le regard de Rome, que ce regard soit la force unique qui le fait exister, et il sera heureux. On sait que pour Racine, le monde n'est pas vraiment le réel ; il n'est qu'une ιorme réflexive, anonyme de la conscience : c'est l'opinion publique *(Que dira-t-on de vous ?)* ; mais cette forme est véritablement démiurgique ; dans l'esprit de Burrhus, elle suffit à *accoucher* Néron, à le faire passer de l'enfance à l'âge adulte, à le pourvoir enfin d'une paternité [1]. L'homme, selon Burrhus, est entièrement plastique sous le regard de la collectivité ; il n'y a en lui aucun noyau de résistance, la passion est une illusion [2]. L'effort que Burrhus demande à Néron, c'est celui d'une réduction à la transparence ; l'oblation des désirs n'est elle-même source de paix que parce qu'elle est renvoyée par l'approbation de la multitude.

Pour Narcisse, ce même monde justifie au contraire une opacité de l'homme ; l'homme est un noyau fermé d'appétits, le monde n'est qu'un objet en face de ce « dogmatisme ». Burrhus sublime le monde et Narcisse l'avilit [3], mais on le voit, c'est toujours dans la perspective d'une pure symétrie, c'est toujours au prix d'une distance artificielle entre le monde et lui, qu'ils promettent la vie à Néron. En somme, rien ne peut les départager, pas même la situation de Néron. Néron est empereur, il a la toute-puissance ; mais cette circonstance, comme toujours chez Racine où le pouvoir est le branle même de la tragédie, ne fait que purifier l'alternative : la tyrannie permet l'assouvissement, mais elle est seule aussi à rendre possible l'oblation ; la symétrie est rigoureuse, qui oppose la crainte à l'amour. Néron est donc placé devant une sorte de tourniquet infini ; aucun des deux systèmes qui lui sont représentés ne comporte de valeur évidente, car ils ne sont que des signes inversés : l'accord au monde (conduire un char, faire du théâtre, composer des poèmes) peut devenir en un instant un signe infamant. Selon quelle clef choisir ? Éloigné par

1.   Ah ! que de la patrie il soit, s'il veut, le père. (I, 1.)

2.   On n'aime point, Seigneur, si l'on ne veut aimer. (III, 1.)

3. Politiquement, Narcisse est un « ultra » ; il parle du peuple à peu près comme Polynice. (IV, 4.)

l'un et l'autre système, le monde ne peut répondre : les solutions s'effacent, Néron est renvoyé à son problème.

Ce problème reste celui d'une naissance, ou, si l'on veut, d'un passage, d'une initiation : Néron veut devenir un homme, il ne peut et il souffre. Cette souffrance, conformément au principe racinien, est une souffrance, sinon physique, tout au moins cénesthésique, c'est la souffrance du lien. Il y a beaucoup moins un être néronien qu'une situation néronienne, celle d'un corps paralysé qui s'efforce désespérément vers une mobilité autonome. Comme Pyrrhus, c'est essentiellement le Passé qui l'agrippe[1], l'enfance et les parents, le mariage même, voulu par la Mère[2] et qui n'a pu lui donner la paternité, bref la Morale. Mais la tragédie racinienne n'est jamais le procès direct d'une moralité ; le monde tragique est un monde substantiel ; Néron n'affronte pas des concepts, ni même des personnes, mais des formes, auxquelles il tente d'opposer d'autres formes ; puisque sa Mère l'oblige à lui livrer ses secrets, Néron essaiera de se créer un secret neuf, solitaire, d'où sa Mère est exclue ; tel est le sens de cette Porte redoutable qu'Agrippine essaye de forcer[3], et de ce Sommeil qu'il revendique, comme s'il s'agissait d'abord de rompre l'association biologique de la mère et de l'enfant. Ce qu'il veut gagner, c'est un espace autonome, le trône est pour lui un espace à occuper dans sa dimension vitale[4]. Sous cette forme justement matérielle, la sujétion de Néron rejoint un très ancien thème d'aliénation, celui du Reflet (ou du Double) : Néron n'est qu'un miroir, il renvoie (par exemple il reverse sur sa Mère le pouvoir qu'il a reçu d'elle[5]) ; le

1. Comment ne pas savourer la coïncidence onomastique qui fait d'Agrippine le symbole de l'agrippement ? et de Narcisse celui du narcissisme ?

2.   Mon amour inquiet déjà se l'imagine
       Qui m'amène Octavie, et, d'un œil enflammé,
       Atteste les saints droits d'un nœud qu'elle a formé. (II, 2.)

3.   Faut-il…
       Qu'errant dans le palais sans suite et sans escorte,
       La mère de César veille seule à sa porte ? (I, 1.)

4.   Il m'écarta du trône où je m'allais placer. (I, 1.)

5.   Quelques titres nouveaux que Rome lui défère
       Néron n'en reçoit point qu'il ne donne à sa mère. (I, 1.)

système optique dont il est prisonnier est parfait, sa Mère peut rester cachée (derrière un voile[1]), et parfois un second écran vient
troubler le dispositif, Burrhus et Agrippine se disputant le reflet[2].
Or on sait que le thème du Double est magique, la personne est
volée ; le rapport d'Agrippine et de Néron est en effet un rapport
d'envoûtement : c'est le corps même de la Mère qui fascine le fils,
le paralyse, en fait un objet soumis, comme, dans l'hypnose, au
charme du regard[3]. On voit une fois de plus combien la notion de
Nature est ambiguë chez Racine : Agrippine est la mère *naturelle,*
mais la Nature n'est qu'étouffement : Agrippine *assiège*[4] : ainsi se
précise cette Anti-Physis racinienne qui explosera sur un mode
ouvertement blasphématoire dans *Athalie.*

Néron est donc au départ un organisme indifférencié. Le problème est pour lui de sécession : il faut disjoindre l'Empereur du
Fils[5]. Cette disjonction, selon la mécanique racinienne, ne peut
être qu'une secousse qui prend son élan dans un sens vital tout
pur, un sentiment brut d'expansion, que j'ai déjà appelé le dogmatisme (le refus d'hériter), que Racine nomme *l'impatience,* et
qui est le refus absolu opposé par un organisme à ce qui le

       Non, non, le temps n'est plus que Néron, jeune encore,
       Me renvoyait les vœux d'une cour qui l'adore… (I, 1.)

1.   … Et que, derrière un voile, invisible et présente… (I, 1.)

2.   Ai-je donc élevé si haut votre fortune
       Pour mettre une barrière entre mon fils et moi ? (I, 2.)

3.   Eloigné de ses yeux, j'ordonne, je menace…
       Mais…
       Sitôt que mon malheur me ramène à sa vue,
       . . . .
       Mon génie étonné tremble devant le sien. (II, 2.)

4.   … J'assiégerai Néron de toutes parts. (III, 5.)

Au début de la pièce, Agrippine assiège déjà la porte de Néron. Quand elle le
maudit, elle s'attribue à l'avance une fonction d'Érinye :

       Rome, ce ciel, ce jour que tu reçus de moi,
       Partout, à tout moment, m'offriront devant toi.
       Tes remords te suivront comme autant de furies… (V, 6.)

5.   Il veut par cet affront…
       … que tout l'univers apprenne avec terreur
       A ne confondre plus mon fils et l'Empereur. (I, 2.)

contient excessivement. Paralysie physique et obligation morale
sont emportées dans la même décharge. La forme sublimée du
lien étant la reconnaissance, Néron se fait avant tout ingrat ; il
décide qu'il ne doit rien à sa mère ; pareil à ces jeunes garçons
qui renvoient insolemment à leurs parents la responsabilité de
les avoir fait naître, il définit les dons d'Agrippine comme de
purs intérêts [1]. Son immoralisme est proprement adolescent : il
refuse toute médiation entre son désir d'exister et le monde ; le
désir est pour lui une sorte d'*être-là* catégorique, que tout le
monde doit reconnaître sur-le-champ [2]. Cette sorte de détonation
entre le désir et son accomplissement, un geste brusque la signifie : l'appel aux gardes (pour arrêter, pour escorter) [3], ce qui est
toujours, on le sait, une façon de sortir du langage, donc de la
tragédie. Néron parle peu, il est fasciné par l'acte [4].

Ce personnage, théâtral selon l'Histoire, est d'un pragmatisme radical sur la scène ; il enlève à ses actes tout décor, les
enveloppe dans une sorte d'apparence glissante, il en absente la
matière pour en purifier l'effet. C'est là le sens de la *caresse*
néronienne : Néron est l'homme de l'enlacement [5], parce que
l'enlacement ne découvre la mort que lorsqu'elle est consom-
mée. Ce « glissement » a un substitut funèbre, le poison. Le sang
est une matière noble, théâtrale, le fer un instrument de mort rhétorique [6] ; mais de Britannicus, Néron veut l'effacement pur et
simple, non la défaite spectaculaire ; comme la caresse néro-

---

1. IV, 2.

2.   Il faut que j'aime enfin. (III, 1.)

          Adieu. Je souffre trop, éloigné de Junie. (III, 1.)

3. Agrippine est au contraire un être du langage. Son langage est une substance
dont elle étouffe son fils et à quoi Néron oppose fatalement des conduites de fuite,
de silence et d'élision.

4. La surveillance cachée que Néron exerce sur Junie dans la célèbre scène 6
de l'acte II est un acte, au sens plein du terme, et fort rare dans la tragédie.

5.   Ses bras, dans nos adieux, ne pouvaient me quitter. (V, 3.)

6. La blessure sanglante est explicitement opposée à l'empoisonnement :

          – Quoi ! du sang de son frère il n'a point eu d'horreur ?
          – Ce dessein s'est conduit avec plus de mystère. (V, 5.)

nienne, le poison s'insinue, comme elle, il ne livre que son effet, non ses voies ; en ce sens, caresse et poison font partie d'un ordre immédiat, dans lequel la distance du projet au crime est absolument réduite ; le poison néronien est d'ailleurs un poison rapide, son avantage n'est pas le retard, mais la nudité, le refus du théâtre sanglant.

Voilà quel est le problème de Néron. Pour le résoudre, Néron s'abandonnera finalement au système narcissien (se faire reconnaître du monde en le terrifiant). Mais ce n'est qu'après avoir esquissé tout au long de la pièce sa propre solution, et la solution de Néron, c'est Junie. Il ne doit Junie qu'à lui-même. Face à tout ce qui lui vient d'autrui et l'étouffe, pouvoir, vertu, conseils, morale, épouse, crime même, il n'y a qu'une part de lui qu'il a inventée, son amour. On sait comment il découvre Junie, et que cet amour naît de la spécialité même de son être, de cette chimie particulière de son organisme qui lui fait rechercher l'ombre et les larmes. Ce qu'il désire en Junie, c'est une complémentarité, la paix d'un corps différent et pourtant choisi, le repos de la nuit ; en un mot, ce que cet étouffé recherche frénétiquement, comme un noyé l'air, c'est la *respiration*[1]. La Femme est ici, selon les plus anciennes traditions gnostiques (reprises par le Romantisme), la Femme est médiatrice de paix, voie de réconciliation, initiatrice de la Nature (contre la fausse Nature maternelle) ; soit trait juvénile, soit intuition, Néron voit dans son amour pour Junie une expérience ineffable qu'aucune description mondaine (et notamment celle qu'en donne Burrhus) ne peut épuiser[2].

Junie est la Vierge Consolatrice par un rôle d'essence, puisque Britannicus trouve en elle exactement ce que Néron vient y chercher : elle est celle qui pleure et recueille les pleurs, elle est l'Eau qui enveloppe, détend, elle est l'ombre dont Néron

1.   Si, ...
      Je ne vais quelquefois respirer à vos pieds. (II, 3.)
2.   Mais, croyez-moi, l'amour est une autre science. (III, 1.)

Naturellement, ce conflit entre la loi et la subversion s'exprime à travers un conflit de générations.

est le terme solaire. Pouvoir pleurer avec Junie, tel est le rêve néronien, accompli par le double heureux de Néron, Britannicus. Entre eux, la symétrie est parfaite : une épreuve de force les lie au même père, au même trône, à la même femme, ils sont frères[1], ce qui veut dire, selon la nature racinienne, ennemis et englués l'un à l'autre ; un rapport magique (et, selon l'Histoire, érotique[2]) les unit : Néron fascine Britannicus[3], comme Agrippine fascine Néron. Issus du même point, ils ne font que se reproduire dans des situations contraires : l'un a dépossédé l'autre, en sorte que l'un a tout et l'autre n'a rien. Mais c'est précisément ici que s'articule la symétrie de leurs positions : Néron a tout et pourtant il n'est pas ; Britannicus n'a rien et pourtant il est : l'être se refuse à l'un tandis qu'il comble l'autre. *Avoir* ne peut rejoindre *Être* parce que l'Être ici ne vient pas du monde, comme Burrhus et Narcisse voudraient en persuader Néron, mais de Junie. C'est Junie qui fait exister Britannicus et qui repousse Néron dans la confusion d'un Passé destructeur et d'un avenir criminel. Entre Néron et Britannicus, Junie est l'arbitre absolu et absolument gracieux[4]. Selon une figure propre au Destin, elle *retourne* le malheur de Britannicus en grâce et le pouvoir de Néron en impuissance, l'avoir en nullité, et le dénuement en être. Par le caprice même de son regard, penchant d'un côté, se détournant de l'autre par un choix aussi immotivé que celui du *numen* divin, la Femme Consolatrice devient une Femme Vengeresse, la fécondité promise devient stérilité éternelle ; à peine éclos, Néron est frappé par la plus horrible des

---

1.   ... Britannicus mon frère. (II, 1.)

2. « Plusieurs écrivains de ce temps rapportent que, les jours qui précédèrent l'empoisonnement, Néron abusa fréquemment de la jeunesse de Britannicus » (Tacite, *Annales,* XIII, 17).

3.   Il prévoit mes desseins, il entend mes discours. (I, 4.)

4. Si l'on oublie un instant la mauvaise foi racinienne, qui *donne* Néron pour un monstre et Britannicus pour une victime-née, l'arbitrage de Junie annonce curieusement la *Candida* de Bernard Shaw : entre un mari, pasteur et sûr de lui, et un amoureux, poète et fragile, Candida est sommée d'aller *au plus faible* : elle va naturellement vers son mari. Le plus faible, ici, est évidemment Néron. Junie choisit Britannicus parce que le Destin est méchant.

frustrations : son désir est condamné sans que l'objet en disparaisse, la Femme à qui il demandait de naître meurt sans
mourir[1]. Le désespoir de Néron n'est pas celui d'un homme qui
a perdu sa maîtresse ; c'est le désespoir d'un homme condamné
à vieillir sans jamais naître.

Bérénice

C'est Bérénice qui désire Titus. Titus n'est lié à Bérénice que
par l'habitude[2]. Bérénice est au contraire liée à Titus par une
image, ce qui veut dire, chez Racine, par Éros ; cette image est
naturellement nocturne[3], Bérénice y revient à loisir, chaque fois
qu'elle pense son amour ; Titus a pour elle la volupté d'un éclat
entouré d'ombre, d'une splendeur tempérée ; replacé par un protocole proprement racinien au cœur de cette « nuit enflammée »
où il a reçu les hommages du peuple et du sénat devant le bûcher
de son père, il révèle dans l'image érotique son essence corpo-
relle, l'éclat de la douceur : il est un principe total, un *air*, à la
fois lumière et enveloppement. Ne plus respirer cet air, c'est
mourir. C'est pourquoi Bérénice va jusqu'à proposer à Titus un
simple concubinage (que Titus repousse[4]) ; c'est pourquoi aussi,
privée de son aliment, cette image ne pourra que dépérir dans un
air raréfié, distinct de l'air de Titus, et qui est le vide progressif
de l'Orient.

C'est donc essentiellement à Bérénice et à elle seule qu'appartient ici le pouvoir érotique. Toutefois ce pouvoir, contrairement au dessein habituel de la tragédie racinienne, n'est pas dou-
blé d'un pouvoir politique : les deux pouvoirs sont disjoints, et
c'est pour cela que la tragédie finit d'une manière ambiguë

1.   Madame, sans mourir elle est morte pour lui. (V, 8.)

2. Nous ne connaissons l'Éros de Titus que par son allusion aux « belles
mains » de Bérénice.

3.   De cette nuit, Phénice, as-tu vu la splendeur ? (I, 5.)

4.   Ah ! Seigneur, s'il est vrai, pourquoi nous séparer ?
       Je ne vous parle point d'un heureux hyménée… (IV, 5.)

comme si elle s'épuisait, privée de cette étincelle tragique qui naît ordinairement de la condensation excessive de ces deux pouvoirs dans une même personne. Puissante, Bérénice tuerait Titus ; amoureux, Titus épouserait Bérénice ; leur survie à tous deux est comme une panne, le signe d'une expérience tragique qui échoue. Ce n'est pas que ces deux figures disjointes ne fassent des efforts désespérés pour atteindre au statut tragique : Titus fait tout son possible pour être amoureux, Bérénice mène une lutte acharnée pour dominer Titus, tous deux employant tour à tour les armes habituelles du héros tragique, le chantage à la mort ; et si, pour finir, Titus fait prévaloir sa solution, c'est d'une façon honteuse ; si Bérénice l'accepte, c'est au prix d'une illusion, celle de se croire aimée[1].

On comprend combien la symétrie du *invitus invitam* antique est ici trompeuse ; il n'y a aucune égalité de situation entre Titus et Bérénice. Bérénice est tout entière possédée par Éros ; pour Titus, le problème central est encore un problème de légalité : comment rompre une loi, soulever un étouffement ? On le sait, il y a chez Racine un vertige de la fidélité. Ce déchirement, attesté dans toutes les tragédies de Racine, trouve dans *Bérénice* son expression la plus claire du fait que l'infidèle Titus est pourvu d'un double fidèle : Antiochus. Antiochus est le reflet de Titus, rapport d'autant plus naturel que Titus est source d'éclat[2]. Et la fidélité d'Antiochus à Bérénice est essence de fidélité, il la confond avec son être[3] ; éternelle, c'est-à-dire joignant d'une seule tenue le passé et l'avenir, inconditionnelle (Antiochus est fidèle sans espoir[4]), cette fidélité a un fondement légal :

1. Ce jour, je l'avouerai, je me suis alarmée :
   J'ai cru que votre amour allait finir son cours.
   Je connais mon erreur, et vous m'aimez toujours. (V, 7.)

A vrai dire, elle n'en sait rien de plus qu'au début.

2. Quand l'amoureux Titus, devenant son époux,
   Lui prépare un éclat qui rejaillit sur vous. (I, 3.)

3. Hé bien ! Antiochus, es-tu toujours le même ?
   Pourrai-je, sans trembler, lui dire : *Je vous aime ?* (I, 2.)

4. Je pars, fidèle encor quand je n'espère plus. (I, 2.) ...

Antiochus a été le premier amoureux de Bérénice[1], il a reçu la
jeune fille des mains de son frère ; son lien à Bérénice a la garan-
tie solennelle d'une forme, il est vraiment une légalité (alors que
l'infidèle s'est fait aimer sans cause, par un véritable rapt[2]). Titus
et Antiochus ne se divisent donc que comme la double postulation
d'un même organisme, régi par une habile division des tâches : à
Titus l'infidélité, à Antiochus la fidélité. Et naturellement, une
fois de plus, c'est la fidélité qui est discréditée : Antiochus est un
double faible, humilié, vaincu, il souffre expressément d'une perte
d'identité[3] : tel est le prix de la fidélité. Cette fidélité, pour ainsi
dire caricaturale, est pourtant nécessaire à Titus : elle est en
somme le mal dont il vit, et c'est ce qui explique qu'il entretienne
avec elle une familiarité troublante : non seulement Titus associe
étroitement Antiochus à son dilemme, lui donnant sans cesse à
voir son amour pour Bérénice : il faut que le rival soit *témoin*[4],
moins peut-être par sadisme que par exigence d'unité[5] ; mais
encore il ne cesse de se déléguer à Antiochus, d'en faire son porte-
parole[6] (et l'on sait combien la voix est sexualisée dans le théâtre
racinien, et singulièrement dans *Bérénice*, tragédie de l'aphasie[7]),

1.　　… il vous souvient que mon cœur en ces lieux
　　　Reçut le premier trait qui partit de vos veux. (I, 4.)

2.　　Je l'aimai ; je lui plus. (II, 2.)

3.　　Tandis que, sans espoir, haï, lassé de vivre,
　　　Son malheureux rival ne semblait que le suivre. (I, 4.)

　　　Cent fois je me suis fait une douceur extrême
　　　D'entretenir Titus dans un autre lui-même. (I, 4.)

　　　Pour fruit de tant d'amour, j'aurai le triste emploi
　　　De recueillir des pleurs qui ne sont pas pour moi. (III, 2)

4.　　Et lorsque cette reine, assurant sa conquête,
　　　Vous attend pour témoin de cette illustre fête. (I, 3.)

　　　Je n'attendais que vous pour témoin de ma joie. (I, 4.)

　　　Soyez le seul témoin de ses pleurs et des miens. (III, 1.)

5.　　Vous ne faites qu'un cœur et qu'une âme avec nous. (III, 1.)

6.　　Et je veux seulement emprunter votre voix. (III, 1.)

7.　　Et, dès le premier mot, ma langue embarrassée… (II, 2.)

　　　Sortons, Paulin : je ne lui puis rien dire. (II, 4.)

　　　Hélas ! quel mot puis-je lui dire ? (IV, 7.)

par l'une de ces procurations d'amant à rival, familières à Racine[1]. Bien entendu, c'est chaque fois que Titus est infidèle, qu'il a besoin de se déléguer au fidèle Antiochus; on dirait qu'Antiochus est là pour fixer l'infidélité de Titus, l'exorciser. Titus se débarrasse en lui d'une fidélité qui l'étouffe; par Antiochus, il espère éluder son conflit essentiel, accomplir l'impossible: être à la fois fidèle et infidèle sans la faute. Antiochus est sa bonne conscience – c'est-à-dire sa mauvaise foi.

Car il n'est pas vrai que Titus ait à choisir entre Rome et Bérénice. Le dilemme porte sur deux moments plus que sur deux objets: d'une part, un passé, qui est celui de l'enfance prolongée, où la double sujétion au Père et à la maîtresse-Mère est vécue comme une sécurité[2] (Bérénice n'a-t-elle pas sauvé Titus de la débauche? n'est-elle pas *tout* pour lui?); d'autre part, et dès la mort du Père, peut-être tué par le fils[3], un avenir responsable, où les deux figures du Passé, le Père et la Femme (d'autant plus menaçante que l'amant-enfant est son *obligé*), sont détruites d'un même mouvement. Car c'est le même meurtre qui emporte Vespasien et Bérénice[4]. Vespasien mort, Bérénice est condamnée. La tragédie est très exactement l'intervalle qui sépare les deux meurtres.

Or – et c'est ici l'astuce profonde de Titus – le premier meurtre servira d'alibi au second: c'est au nom du Père, de Rome, bref d'une légalité mythique, que Titus va condamner Bérénice; c'est en feignant d'être requis par une fidélité générale au Passé que Titus va justifier son infidélité à Bérénice; le premier meurtre devient vie figée, alibi noble, théâtre[5]. Rome, avec ses lois qui défendent jalousement la pureté de son sang, est une instance toute désignée pour autoriser l'abandon de Bérénice. Pourtant Titus ne parvient même pas à donner à cette

1. Roxane se délègue à Atalide, Pyrrhus confie Hermione à Oreste qui précisément en est amoureux, Mithridate confie Monime à Xipharès.

2. J'aimais, je soupirais dans une paix profonde… (II, 2.)

3. J'ai même souhaité la place de mon père… (II, 2.)

4. Mais à peine le Ciel eut rappelé mon père… (II, 2.)

5. Je me propose un plus noble théâtre… (II, 2.)

instance une apparence héroïque ; il délibère sur une peur, non sur un devoir : Rome n'est pour lui qu'une opinion publique qui le terrifie ; sans cesse il évoque en tremblant le *qu'en-dira-t-on ?* anonyme [1]. La cour même est une personnalité trop précise pour le menacer vraiment ; il tire sa peur – et par conséquent sa justification – d'une sorte de *on* aussi général que possible. En fait, Rome est un pur fantasme. Rome est silencieuse [2], lui seul la fait parler, menacer, contraindre ; le fantasme est si bien un *rôle* dans le protocole de la rupture que parfois, comme ces hystériques qui oublient un instant qu'ils ont un bras paralysé, Titus cesse de craindre ; Rome disparaît, Titus ne sait plus à quoi il joue.

Bérénice n'est donc pas une tragédie du sacrifice, mais l'histoire d'une répudiation que Titus n'ose pas assumer. Titus est déchiré, non entre un devoir et un amour, mais entre un projet et un acte. Tel est ce *rien* célèbre : la distance mince et pourtant laborieusement parcourue, qui sépare une intention de son alibi : l'alibi trouvé, vécu théâtralement (Titus va jusqu'à mimer sa mort [3]), l'intention peut s'accomplir, Bérénice est renvoyée, la fidélité liquidée, sans qu'il y ait même risque de remords : Bérénice ne sera pas l'Érinye dont elle avait rêvé [4]. Bérénice est *persuadée* : ce résultat tout à fait incongru dans la tragédie racinienne s'accompagne d'une autre singularité : les figures du conflit se séparent sans mourir, l'aliénation cesse sans recours catastrophique. Tel est sans doute le sens de l'Orient bérénicien : un *éloignement* de la tragédie. Dans cet Orient se rassemblent toutes les images d'une vie soumise à la puissance la plus anti-

---

1. Et ces noms, ces respects, ces applaudissements
    Deviennent pour Titus autant d'engagements… (V, 2.)

2. Tout se tait : et moi seul, trop prompt à me troubler,
    J'avance des malheurs que je puis reculer. (IV, 4.)

    Lorsque Rome se tait… (IV, 5.)

3. Moi-même en ce moment sais-je si je respire ? (IV, 7.)

4. … Que ma douleur présente et ma bonté passée,
    Mon sang, qu'en ce palais je veux même verser,
    Sont autant d'ennemis que je vais vous laisser :
    Et, sans me repentir de ma persévérance,
    Je me remets sur eux de toute ma vengeance. (IV, 5.)

tragique qui soit : la permanence (solitude, ennui, soupir, errance, exil, éternité, servitude ou domination sans joie). Parmi ces images, deux dominent, comme les statues dérisoires de la crise tragique : le silence et la durée. Ces deux valeurs nouvelles sont prises en charge par les êtres mêmes de l'Orient : Antiochus et Bérénice. Antiochus est l'homme du silence. Condamné d'un même mouvement à se taire et à être fidèle, il s'est tu cinq ans avant de parler à Bérénice ; il ne conçoit sa mort que silencieuse [1] ; son *hélas* final est retour à un silence définitif. Quant à Bérénice, elle sait que, passé la tragédie, le temps n'est qu'une insignifiance infinie, dont la pluralité des mers n'est que le substitut spatial [2] : rendue à la durée, la vie ne peut plus être un spectacle. Tel est en somme l'Orient bérénicien : la mort même du théâtre. Et sur les vaisseaux ancrés dans Ostie, avec Antiochus, c'est toute la tragédie que Titus envoie dans le néant oriental.

Bajazet

Bajazet constitue une recherche aiguë sur la nature du lieu tragique. On le sait, par définition, ce lieu est clos. Or, jusqu'à *Bajazet,* la clôture du lieu racinien reste circonstancielle ; il s'agit en général d'une chambre du palais ; c'est l'entour lui-même, le palais, qui forme une masse secrète et menaçante (notamment dans *Britannicus*, où la tragédie est déjà un labyrinthe). Dans *Bajazet,* le lieu est clos par destination, comme si toute la fable n'était que la forme d'un espace : c'est le Sérail [3]. Ce Sérail est d'ailleurs apparu à l'époque comme la principale

---

1.   Bérénice autrefois m'ôta toute espérance ;
     Elle m'imposa même un éternel silence.
     Je me suis tu cinq ans… (I, 2.)

     Surtout ne craignez point qu'une aveugle douleur
     Remplisse l'univers du bruit de mon malheur… (I, 4.)

2.   Dans un mois, dans un an, comment souffrirons-nous,
     Seigneur, que tant de mers me séparent de vous ? (IV, 5.)

3. Racine ne distingue pas le Sérail (ou palais du Sultan) du harem (ou appartement des femmes).

curiosité de la pièce ; on dirait que le public pressentait dans cette institution une sorte de caractère topique, l'un des thèmes les plus importants de l'imagination humaine, celui de la conca-vité.

Ce lieu fermé n'est pourtant pas autarcique, il dépend d'un Extérieur. C'est cette ambiguïté en quelque sorte organique qui fonde tout *Bajazet*. Dans le Sérail se confondent deux terreurs, la cécité et la sujétion. Roxane est la première à exprimer cette ambiguïté du Sérail ; elle détient ce pouvoir absolu [1], dont on sait que sans lui il n'y a pas de tragédie racinienne, et pourtant ce pouvoir, elle ne le tient que par une délégation du Sultan ; elle est elle-même sujet et objet d'une toute-puissance. Le Sérail est un peu comme une arène dont Roxane serait le matador : il faut qu'elle tue, mais sous les yeux d'un Juge invisible qui l'entoure et la regarde ; comme dans l'arène, où le taureau est condamné et où pourtant l'homme risque, il se joue dans le Sérail un jeu improvisé et pourtant fatal. Dans les deux cas, la fermeture et l'ouverture du cercle sont à la fois des normes et des actes : le Sérail est un lieu cérémoniel et mortel.

C'est parce qu'Amurat est un regard invisible que le Sérail est un milieu panique ; c'est un monde qui ne peut recevoir de clarté de nulle part et se sait pourtant soumis à une certitude extérieure qui le terrorise. Le Sérail ne sait jamais où est Amurat, parce que le temps extérieur n'a pas la même vitesse que le temps tragique, en sorte que les distances qui l'entourent sont irréelles [2] : qui peut prouver qu'un ordre ne se modifie pas entre son moment de départ et son moment d'arrivée ? Le Sérail est comme le monde : l'homme s'y débat contre l'incertitude des signes, sous le regard

1.   Songez-vous. . . . .
      Que j'ai sur votre vie un empire suprême ;
      Que vous ne respiriez qu'autant que je vous aime ? (II, 1.)

      Rentre dans le néant dont je t'ai fait sortir. (II, 1.)

      Maîtresse du sérail, arbitre de ta vie… (V, 4.)

2.   Mais, comme vous savez, malgré ma diligence,
      Un long chemin sépare et le camp et Byzance ;
      . . . .
      Et je puis ignorer tout ce qui s'est passé. (I, 1.)

d'un Pouvoir qui les change à son caprice. Atalide, Roxane, Bajazet, Acomat sont des aveugles ; ils cherchent avec angoisse dans l'autre un signe clair. Et pourtant ces victimes sont des bourreaux : ils tuent sous le regard de qui va les tuer.

La première contradiction du Sérail est celle de sa sexualité ; c'est un habitat féminin ou eunuchoïde, c'est un lieu désexué, comblé par une masse d'êtres indifférenciés [1], il est élastique et plein comme l'eau [2]. Celui qui y circule le plus naturellement est Acomat ; Acomat n'est pas expressément, chez Racine, un eunuque (alors qu'il l'était dans la nouvelle de Segrais), mais il a l'attribut de l'asexualité, la vieillesse, qu'il présente lui-même comme un état de départicipation [3]. En même temps, ce lieu châtré est travaillé par des pressions érotiques terribles ; celle d'Amurat d'abord, dont le regard invisible pénètre sans cesse la masse affolée contenue dans le Sérail ; ensuite celle de Roxane et celle d'Atalide. Et à l'intérieur de cette sexualité positive (déléguée surtout aux femmes), l'ambiguïté continue, mêle les rôles ; la force sexuelle passe des uns aux autres, d'Amurat à Roxane, véritable substitut du Sultan, de Roxane à Atalide, qui a reçu procuration pour représenter auprès de Bajazet la *voix* de la favorite [4] (et l'on sait combien, chez Racine, la parole est sexualisée).

Naturellement, cette ambiguïté sexuelle atteint son comble dans Bajazet : Bajazet n'est qu'un sexe indécis, inversé, transformé d'homme en femme. La critique du temps avait remarqué ce qu'elle appelait la *fadeur* du personnage ; de nos jours,

---

1. Cette foule de chefs, d'esclaves, de muets,
   Peuple que dans ses murs renferme ce palais. (II, 1.)

2. … un calme heureux nous remet dans le port. (III, 2.)

3. . . . . Voudrais-tu qu'à mon âge
   Je fisse de l'amour le vil apprentissage ? (I, 1.)

   Que veux-tu dire ? Es-tu toi-même si crédule
   Que de me soupçonner d'un courroux ridicule ? (IV, 7.)

4. … Roxane. . . . .
   Du cœur de Bajazet se reposait sur moi,
   . . . .
   Le voyait par mes yeux, lui parlait par ma bouche. (I, 4.)

on a tenté de reviriliser le rôle [1] ; mais la *fadeur* de Bajazet n'est
pas caractérielle (il n'y a pas d'intérêt à discuter si Bajazet *est*
ceci ou cela), elle est définie par sa situation ; c'est le Sérail qui
l'invertit ; d'abord physiquement même, si l'on peut dire :
Bajazet est un mâle confiné [2] dans un milieu féminin où il est le
seul homme ; c'est un frelon, dont on dirait qu'il est nourri,
engraissé par Roxane pour son pouvoir génital même ; comme
ces oies que l'on bourre pour la succulence de leur foie, Bajazet
est enfermé dans l'obscurité [3], réservé, mûri pour le plaisir de la
Sultane, qui conduira d'ailleurs son meurtre comme on
contrôle un orgasme [4] ; parti d'une sexualité forte [5], on le sent
lentement désexué par la virile Roxane. Mais surtout, son
ambiguïté sexuelle tient à ce qu'il est un mâle prostitué :
Bajazet est beau, il se donne à Roxane pour en obtenir un bien,
il dispose ouvertement de sa beauté comme d'une valeur
d'échange [6]. C'est cet état totalement parasitaire [7] de Bajazet
qui le désexualise : on sait que, chez Racine, les « rôles »
sexuels sont essentiellement définis par la Relation d'Autorité,
et qu'il n'y a chez lui d'autre constellation érotique que celle du
pouvoir et de la sujétion.

De Bajazet à Roxane, l'inversion des rôles rejoint l'opposition des deux Éros raciniens, ce que l'on pourrait appeler l'Éros-
habitude et l'Éros-événement. Bajazet est soumis au premier ;
son goût pour Atalide s'est élaboré lentement au long d'une

---

1. A. Adam, *Histoire de la littérature française au XVIIᵉ siècle*, tome IV,
p. 345 s. (Domat.)

2.   Ainsi donc pour un temps Amurat désarmé
         Laissa dans le sérail Bajazet enfermé. (I, 1.)

3.   Je plaignis Bajazet, je lui vantai ses charmes
         Qui, par un soin jaloux dans l'ombre retenus… (I, 1.)

4.   Je perdrais ma vengeance en la rendant si prompte. (IV, 6.)

5.   Car enfin Bajazet dédaigna de tout temps
         La molle oisiveté des enfants des sultans. (I, 1.)

6.   Bajazet est aimable ; il vit que son salut
         Dépendait de lui plaire, et bientôt il lui plut. (I, 1.)

7.   Je vous dois tout mon sang ; ma vie est votre bien. (II, 1.)

enfance commune[1], c'est un goût d'identité (Atalide est du même sang que lui[2]) ; il s'agit ici de cet Éros sororal, dont on sait qu'il est essentiellement fidélité, légalité, mais aussi impuissance à naître, à devenir homme. Roxane au contraire, comme Pyrrhus, comme Néron, est définie par une force de rupture ; plébéienne, c'est-à-dire étrangère au sang tragique, sa fonction est de renverser la légalité ; pour elle, le mariage n'est pas seulement possession physique, il est institution d'une nouvelle alliance, subversion d'une loi passée[3]. Le désir qu'elle a de Bajazet est donc refus du Temps comme valeur, consécration de l'Événement, il participe à ce second Éros racinien, où le *plaire* fait irruption sans cause, sans épaisseur même, comme un acte abstrait (c'est ce qu'expriment d'innombrables passés simples du type : *il lui plut, je la vis, je l'aimai,* etc.).

Comme héros dogmatique, Roxane cependant se débat dans le milieu le plus étouffant qu'ait connu la tragédie racinienne ; les rôles qu'elle prolonge, Pyrrhus, Néron ou Titus, pouvaient toujours mettre un concept derrière la force physique qui les pressait ; Roxane, elle, lutte avec l'Absence ; et pour la première fois, l'engluement est d'ordre ouvertement spatial ; le Sérail colle à Roxane à la fois comme condition, comme prison et comme labyrinthe[4], c'est-à-dire comme obscurité des signes : elle ne sait jamais *qui* est Bajazet ; quand elle le sait, l'ambiguïté cesse, son malheur est en même temps issue, soulagement[5]

1. Dès nos plus jeunes ans, tu t'en souviens assez,
    L'amour serra les nœuds par le sang commencés. (I, 4.)

    Quoi ! cet amour si tendre, et né dans notre enfance... (II, 5.)

    Déjà plein d'un amour dès l'enfance formé... (V, 4.)

2. Du père d'Amurat Atalide est la nièce. (I, 1.)

3. Je sais que des sultans l'usage m'est contraire... (I, 3.) →

    Malgré tout mon amour, si, dans cette journée
    Il ne m'attache à lui par un juste hyménée ;
    S'il ose m'alléguer une odieuse loi... (I, 3.)

4. Nourri dans le sérail, j'en connais les détours. (IV, 7.)

5. Ah ! je respire enfin ; et ma joie est extrême
    Que le traître une fois se soit trahi lui-même.

(mais c'est aussi la fin de la tragédie). La naissance de son désir est saisie dans cet englument : le Sérail étouffe rapidement un Éros d'origine pourtant événementielle ; c'est d'un frôlage qu'il naît, d'une contiguïté aveugle : c'est à force de *ne pas* voir Bajazet que Roxane le désire ; c'est par la voix d'Acomat (encore une procuration) que Bajazet la séduit[1]. Le Sérail détourne, falsifie ce qui fait l'essentiel de l'Éros racinien, la vue ; mais en même temps il l'exaspère : Roxane désire un captif (éternel dessein de la constellation racinienne), mais elle le désire d'autant plus qu'elle est elle-même captive. En un mot, le Sérail, par sa double fonction de prison et de contiguïté, exprime sans cesse ce mouvement contradictoire d'abandon et de reprise, d'exaspération et de frustration qui définit le tourment racinien : c'est là le côté « oriental » de Racine : le Sérail est littéralement la caresse étouffante, l'étreinte qui fait mourir. On a vu que dans *Britannicus* la substance funèbre de cette caresse était le poison ; dans *Bajazet*, c'est l'étranglement ; peut-être parce que la thématique de Néron est d'ordre incendiaire, son arme est logiquement le glacé ; celle d'Amurat (ou de Roxane qui le représente), avec ses ordres repris et relâchés, est d'ordre respiratoire, son arme est le lacet.

Par sa structure sans cesse ambiguë, sans cesse retournée, comme lieu captif et captivant, agi et agissant, étouffé et étouffant, le Sérail est l'espace même de l'univers racinien. Pour malheureuse qu'elle soit, l'économie de cet univers est malgré tout un équilibre : les êtres qui le peuplent tiennent debout parce qu'ils subissent la pesée de forces antagonistes – du moins le temps de la tragédie, qui est un temps à la fois éternel et nul. La crainte soutient la crainte[2], la caresse l'étouffement, la prison le

---

. . . .

Ma tranquille fureur n'a plus qu'à se venger. (IV, 5.)

1. Je plaignis Bajazet, je lui vantai ses charmes,
   Qui. . . . .
   Si voisins de ses yeux, leur étaient inconnus.
   Que te dirai-je enfin ? La Sultane éperdue
   N'eut plus d'autre désir que celui de sa vue. (I, 1.)

2. Comme il les craint sans cesse, ils le craignent toujours. (I, 1.)

désir. Aussi, sortir du Sérail, c'est sortir de la vie, à moins
d'accepter de vivre sans la tragédie : c'est ce que fait l'eunuque
Acomat, à qui est dévolue la représentation de l'issue dialectique[1] ; Acomat est l'homme des vaisseaux[2], objets dont on sait
la fonction anti-tragique. Mais seul Acomat, comme personnage étranger à la tragédie, peut fuir du Sérail vers la vie, la mer
est pour lui porteuse de liberté. Pour les autres, l'accès au
monstre est irréversible, le Sérail ingère, il ne rend jamais :
quand la porte de la mer s'ouvre, ce n'est que pour recevoir la
mort[3].

Mithridate

La tragédie de *Mithridate* se joue entre deux morts, la mort
feinte et la mort réelle d'un même homme[4]. Ou, si l'on veut,
Mithridate est l'histoire d'une mort manquée et recommencée, à
peu près comme on recommence une scène de cinéma mal tour-
née ; la première fois, l'objectif s'est trompé, il a saisi le *vrai*
Mithridate ; la seconde fois, le drapé est en place, Mithridate
peut mourir : c'est la bonne version.

La première mort de Mithridate ouvre une période d'anarchie ; la tyrannie du Roi vivant imposait un ordre sous lequel le
mal se cachait ; le Roi mort, le mal éclate (comme dans *Phèdre*),
la parole est libérée, la corruption se révèle, les choses apparais-
sent dans leur vérité : les deux frères sont ennemis, rivaux en
politique et en amour ; tous deux assument la mort du Père : c'est
comme s'ils l'avaient tué ; rien ne les distingue, ils sont égale-

---

1. La plus sainte des lois, ah ! c'est de vous sauver. (II, 3.)
2. Déjà, sur un vaisseau dans le port préparé… (III, 11.)

   Et jusqu'au pied des murs que la mer vient laver,
   Sur mes vaisseaux tout prêts… (V, 2.)
3. Et, quoique sur la mer la porte fût fermée,
   Les gardes, sans tarder, l'ont ouverte à genoux
   Aux ordres du Sultan qui s'adressent à vous. (III, 8.)
4. La tragédie s'ouvre immédiatement sur la fausse mort de Mithridate. (I, 1.)

ment coupables, comme l'atteste le pacte de silence (donc de complicité) que Pharnace propose à Xipharès. De cette subversion égale, généralisée (et c'est en ceci que *Mithridate* est une tragédie de la mauvaise foi), Racine va s'employer à extraire un Bien et un Mal distincts : il va séparer Xipharès de Pharnace. Le Bien se fixera sur Xipharès : il sera aimé de Monime, patriote, respectueux du Père dont il était pourtant le rival, tout comme son frère. Ce sont là des qualités gracieuses, d'essence, non de situation ; la situation, elle, fait Xipharès coupable : il vole au Père sa femme, alors que ce Père l'a élevé pendant toute son enfance, assumant en quelque sorte les fonctions de la Mère [1], ce qui n'était pas le cas de Pharnace ; à ce Père qui le préfère, il ment [2] ; il le trahit, dans la mesure même où Mithridate lui confie expressément Monime ; enfin, selon la physique tragique, Xipharès est coupable de la faute de sa mère [3]. Or c'est précisément ce faisceau de culpabilités qui fait de Xipharès un *bon* fils : il aime en son Père un Juge [4] ; il s'épuise à tirer de lui non pas même une reconnaissance pour son dévouement, mais une grâce. Et la divinisation du Père entraîne évidemment une sujétion absolue à la Loi : Xipharès est l'homme du Passé : il aime Monime à peu près depuis l'enfance [5], il est défini par cet Éros sororal, qui est toujours l'expression d'un lien ambigu, à la fois sécurité et peur.

Pharnace n'est pas à proprement parler le contraire de Xipharès, il en est plutôt le double émancipé ; sa sécession loin du Père est accomplie, il en use avec aisance ; c'est le seul héros racinien, après Pyrrhus, qui puisse affirmer sa liberté sans lui

1.   Mais moi, qui, dès l'enfance élevé dans son sein... (IV, 2.)

2.   Seigneur, le croirez-vous qu'un dessein si coupable... (III, 3.)

3.   Elle trahit mon père...
       Quel devins-je au récit du crime de ma mère !...
       Je n'eus devant les yeux que mon père offensé... (I, 1.)

4.   Mais vous avez pour juge un père qui vous aime. (II, 2.)

5.   Faut-il vous dire ici que le premier de tous
       Je vous vis, je formai le dessein d'être à vous
       Quand vos charmes naissants, inconnus à mon père,
       N'avaient encor paru qu'aux yeux de votre mère ? (I, 2.)

donner une *couleur*, c'est-à-dire l'alibi d'un langage [1], contrairement à Xipharès dont la parole inonde et recouvre [2]. C'est pourquoi, comme Taxile et Pyrrhus, il est à la limite même de l'institution tragique. Le rapport théâtral est ici entre Xipharès et
Mithridate, le Père courroucé et la créature avilie. Le retour du
Père, après une mort feinte, participe d'une théophanie [3];
Mithridate revient de la nuit et de la mort [4]. Mais le dieu n'est ici
qu'ébauché; il n'a pas plongé dans l'Enfer, comme le fera
Thésée, il n'a pas communiqué avec les morts, sa mort était ruse,
et non pas mythe. Son immortalité même n'est qu'esquissée;
invulnérable aux poisons, il mourra pourtant, ce dieu est un faux
dieu. Xipharès, éperdument coupable, attend un Juge tout-puissant, et tel est le sens que Monime et lui donnent à la résurrec-
tion du Roi [5]. Mais ce dieu, – et c'est ce qui est révélé par l'entre-
deux-morts, – ce dieu est un vieillard rusé. La mort du Père avait
fait éclater le mal; le retour du Père ne fait que l'aggraver,
l'alourdir d'une nouvelle rivalité incestueuse, d'une trahison
mesquine. En fait, c'est le Père qui a volé Monime à Xipharès [6].
Ce Juge, ce dieu, s'il en est un, est un juge-partie, un dieu
méchant; impuissant à plaire, il ne peut que tyranniser [7]; équivoque, son ambiguïté même est maligne, ses caresses – une fois
de plus – sont meurtrières [8]; enfin et surtout – car c'est là le trait
constitutif de la divinité racinienne – ce Juge détient une balance

---

1. Hé bien! sans me parer d'une innocence vaine,
   Il est vrai, mon amour mérite votre haine. (III, 2.)

2. Rome, mon frère! O ciel! qu'osez-vous proposer?... (III, 1.)

3. Quand mon père paraît, je ne sais qu'obéir. (I, 5.)

4. Les Romains, vers l'Euphrate, ont attaqué mon père,
   Et trompé dans la nuit sa prudence ordinaire.
   Après un long combat, tout son camp dispersé
   Dans la foule des morts, en fuyant, l'a laissé. (I, 1.)

5. Qu'avons-nous fait! (I, 4.)

6. Qu'il te suffise donc, pour me justifier,
   Que je vis, que j'aimai la Reine le premier. (I, 1.)

7. Faut il que désormais, renonçant à vous plaire,
   Je ne prétende plus qu'à vous tyranniser? (II, 4.)

8. Il feint, il me caresse, et cache son dessein. (IV, 2.)

faussée, mais *intelligemment* faussée : il sait toujours haïr *un peu plus* qu'il n'aime[1]. La Légalité est bien pour lui un instrument de tyrannie : il a reçu Monime de son père[2], il la tient de la Loi, il exige une fidélité, il fait de la noce une mort, consacrant une fois de plus l'identité du lit et du tombeau, l'équivoque tragique de l'autel, à la fois nuptial et funèbre : l'objet de sa puissance, c'est ici ce bandeau royal, tour à tour diadème et lacet, dont il flatte et tue Monime. En un mot enfin, c'est un dieu comptable, qui ne donne jamais sans reprendre : ce qu'il perd ici, il veut le regagner là : Monime est, dans sa liturgie, la compensation même de ses défaites[3], car il n'a qu'un langage, celui de l'Avoir.

Tel est le Père affreux qu'un fils coupable retrouve. A ce point, la tragédie exprime l'univers racinien dans sa vérité : des dieux méchants que l'homme ne peut justifier qu'en s'avouant coupable : c'est bien le rapport de Xipharès et de Mithridate. Mais on sait qu'il y a quelquefois dans la tragédie racinienne un point par où elle pourrit, c'est la mauvaise foi. Dans *Mithridate*, ce pourrissement s'opère par le sacrifice du vieux Roi ; ce sacrifice n'a plus rien de tragique, en ce sens qu'il est insignifiant : Mithridate est déjà condamné quand il absout ; son oblation est postiche, il pardonne ce qui ne le concerne plus ; il quitte avec indifférence la tragédie, comme Bérénice la quittait avec résignation. Privée de tout sens oblatif, sa mort devient véritablement un *tableau,* l'exposition décorative d'une fausse réconciliation ; conformément au goût naissant mais violent de l'époque, la tragédie s'esquive en opéra : *Mithridate* est une tragédie *rectifiée.*

Iphigénie

Voilà sans doute la plus séculière des tragédies de Racine. Le signe en est que les personnages ne sont plus des figures diffé-

---

1.   Sa haine va toujours plus loin que son amour. (I, 5.)
2.   Songez qu'à ce grand roi promise par un père... (II, 1.)
3.   Mais vous me tenez lieu d'empire, de couronne. (V, 5.)

rentes, des doubles, des états ou des compléments de la même *psyché,* mais de véritables individus, des monades psychologiques bien séparées les unes des autres par des rivalités d'intérêts, et non plus liées entre elles dans une aliénation ambiguë. *Iphigénie* est une « grande comédie dramatique », où le Sang n'est plus un lien tribal, mais seulement familial, une simple continuité de bénéfices et d'affections. La conséquence critique est que l'on ne peut plus réduire les rôles entre eux, tenter d'atteindre le noyau singulier de la configuration ; il faut les prendre les uns après les autres, définir ce que socialement, et non plus mythiquement, chacun d'eux représente.

La tragédie, battue en brèche de tous côtés par le puissant courant bourgeois qui emporte l'époque, la tragédie est ici tout entière réfugiée dans Ériphile. De naissance inconnue – elle ne cesse de rappeler le mystère de cette origine, dont l'obscurité la torture et la fait exister puisqu'elle mourra de la connaître [1] – Ériphile est de n'être rien ; son *être* est la jalousie des dieux [2], son *faire* est le mal, qu'elle propage comme une lumière [3] ; son rapport à la divinité jalouse est si personnel qu'elle arrache des mains du prêtre le couteau dont il voulait l'immoler : le prêtre – parole inouïe – est pour elle un profane [4] ; elle veut pleinement mourir de se connaître, accomplissant ainsi la contradiction tragique fondamentale, celle d'Œdipe. Son Éros même est le plus tragique que Racine ait défini : il est absolument sans espoir [5], et

1. Un oracle effrayant m'attache à mon erreur,
    Et, quand je veux chercher le sang qui m'a fait naître,
    Me dit que sans périr je ne me puis connaître. (II, 1.)

2. Le Ciel s'est fait, sans doute, une joie inhumaine
    A rassembler sur moi tous les traits de sa haine. (II, 1.)

    Tu verras que les Dieux n'ont dicté cet oracle
    Que pour croître à la fois sa gloire et mon tourment. (IV, 1.)

3. … Que peut-être, approchant ces amants trop heureux,
    Quelqu'un de mes malheurs se répandrait sur eux. (II, 1.)

4. Le sang de ces héros dont tu me fais descendre
    Sans tes profanes mains saura bien se répandre. (V, 6.)

5. Ne me demande point sur quel espoir fondée
    De ce fatal amour je me vis possédée. (II, 1.)

par conséquent sans langage (il n'y a aucune « scène » entre
Achille et Ériphile) ; il est né seulement d'un traumatisme violent : le rapt sur le vaisseau d'Achille, l'étreinte, les yeux fermés
puis ouverts sur un bras sanglant, la découverte enfin d'un
visage, l'abandon, voilà ce qui l'attache à son ravisseur par un
mouvement proprement contre-naturel[1]. Tout en elle est rupture,
elle est par excellence l'être refusé[2]. Mais cet être refusé est
peut-être aussi le seul être libre du théâtre racinien : elle meurt
pour rien, sans alibi d'aucune sorte.

La tragédie ainsi fixée dans le personnage d'Ériphile, le
drame bourgeois peut déployer sa mauvaise foi. Autour d'Ériphile ou plutôt devant elle, tout un monde bouge. L'enjeu en est
Iphigénie. Liée à Ériphile par une similitude de situation,
Iphigénie en est le contraire symétrique : Ériphile n'*est* rien,
Iphigénie *a* tout ; fille d'Agamemnon, elle participe comme lui
au monde de l'Avoir total ; elle est pourvue de parents glorieux,
d'alliés innombrables, d'un amant dévoué ; elle a la vertu, la
séduction[3], la pureté. En elle, rien d'immotivé ; son amour est le
produit d'une addition de causes[4] : c'est l'être de la bonne
conscience. Les dieux ont beau faire semblant de la condamner,
elle est toujours du côté des dieux et sa mort même est un accord
profond à l'ordre providentiel : sa mort est *juste,* c'est-à-dire jus-
tifiée, pourvue d'une fin, incorporée à une économie d'échange,
comme la mort d'un soldat : c'est à son Père qu'elle se dévoue ;
Agamemnon est pour elle le Père total, il intercepte jusqu'aux

---

1. Cet Achille…
    De qui, jusques au nom, tout doit m'être odieux
    Est de tous les mortels le plus cher à mes yeux. (II, 1.)

2. Je reçus et je vois le jour que je respire
    Sans que père ni mère ait daigné me sourire. (II, 1.)

    Moi, qui de mes parents toujours abandonnée,
    Étrangère partout, n'ai pas même en naissant
    Peut-être reçu d'eux un regard caressant ! (II, 3.)

3. Et déjà de soldats une foule charmée,
    Surtout d'Iphigénie admirant la beauté… (I, 4.)

4. Sa gloire, son amour, mon père, mon devoir,
    Lui donnent sur mon âme un trop juste pouvoir. (II, 3.)

dieux : ce n'est pas à eux qu'Iphigénie obéit, c'est à son père, abdiquant sa souffrance même entre ses mains. On comprend qu'un tel *objet*[1] se demande à peine où est sa responsabilité ; sans doute il faut bien qu'elle se croie innocente pour se vouloir résignée ; mais son être n'est pas dans l'injustice ; il est dans la disponibilité de ce « sang », offert à Agamemnon, à Achille, à Calchas, aux dieux, aux soldats, dont il se veut indistinctement la propriété.

Or ce personnage-objet est l'enjeu d'une petite société où s'affrontent, autour d'une affaire d'État bien précise (un obstacle imprévu à quelque grosse expédition punitive, c'est-à-dire de profit), des idéologies très différentes, mais toutes, pour la première fois peut-être dans le théâtre racinien, parfaitement socialisées. Il y a d'abord le pouvoir étatique, Ulysse ; il possède les traits de ce que Voltaire appelait avec admiration le grand politique : le sens de l'intérêt collectif, l'appréciation objective des faits et de leurs conséquences, l'absence d'amour-propre, enveloppant tout ce pragmatisme d'une rhétorique phraseuse et d'un chantage continu à la grande morale[2]. Ulysse s'appuie sur le pouvoir clérical. Calchas est un personnage important : toujours absent et toujours menaçant, à l'image du dieu racinien, rien, ni mariage, ni meurtre, ni guerre, ne peut se faire sans lui. Le privilège terrible qui lui permet de communiquer avec les dieux suit pourtant avec un à-propos tout temporel les nécessités prosaïques de la politique ; sacrifier la fille du Roi était au fond une opération coûteuse ; à la façon d'un ecclésiastique habile, Calchas trouve la solution élégante, celle qui satisfait à la fois aux apparences spirituelles et aux exigences de la réalité. Ériphile ne s'y trompe pas, qui ne voit en Calchas qu'un profane, un peu à la façon dont un mystique jugerait un prêtre trop séculier. Derrière l'un et l'autre il y a d'ailleurs deux races de dieux ; ceux de Calchas sont des dieux vulgaires, attachés à éprouver prosaïquement l'homme ; derrière Ériphile, il y a le Dieu tra-

---

1. Ma vie est votre bien. (IV, 4.)
2. Il me représenta l'honneur et la patrie. (I, 1.)

gique qui ne veut se nourrir que du mal le plus pur ; les premiers ne sont que la dérision du second ; en eux, la vendetta tragique est dégradée, réduite au marchandage d'un gros profit économique ; ils ne sont déjà rien d'autre que la morale dont on habille, sous le nom de sacrifice, la dure loi du profit : un peu de sang contre de grandes richesses[1].

La mère et le gendre, associés, représentent une idéologie toute contraire : la revendication de l'individu contre un État trop exigeant. L'un et l'autre proclament que la « personne » est une valeur suffisante, et que par conséquent la vendetta est démodée : pour Clytemnestre et pour Achille, la faute n'est plus contagieuse : il est illogique que toute la famille paye pour le rapt d'Hélène[2]. Toute cette revendication est forte de son bon droit. Clytemnestre, femme virile et ambitieuse (le mariage de sa fille, qu'elle a « arrangé » elle-même[3], est à ses yeux une précieuse promotion sociale[4]), n'a rien d'une Niobé ; dans ce grand « pathétique » que lui trouvait Voltaire, elle garde un esprit positif : par exemple, s'en remettre à Achille et non aux dieux, l'action humaine étant plus sûre ; ou encore, discuter l'oracle, en contester la littéralité, le soumettre à l'interprétation de la raison plutôt qu'à l'aveuglement de la foi[5] ; rebelle à l'ancienne Loi, elle préconise le transfert du Père à l'époux[6]. Achille va plus loin encore ; il n'a et ne veut avoir aucun sens de l'intérêt collectif ; il est son seul maître : combattre, peu importe pour qui, épouser Iphigénie, sans dot[7], voilà ce qu'il veut parce que c'est là qu'est son plaisir : pour agir il n'a besoin ni des alibis de la

---

1.   Le seul Agamemnon, refusant la victoire,
      N'ose d'un peu de sang acheter tant de gloire ? (I, 3.)

2.   Si du crime d'Hélène on punit sa famille,
      Faites chercher à Sparte Hermione, sa fille. (IV, 4.)

3.   Je vous l'ai dans Argos présenté de ma main. (II, 4.)

4.   Où le fils de Thétis va m'appeler sa mère. (III, 1.)

5.   Un oracle dit-il tout ce qu'il semble dire ? (IV, 4.)

6.   . . . . Vous êtes en ces lieux
      Son père, son époux, son asile, ses Dieux. (III, 5.)

7.   Content et glorieux du nom de votre époux… (III, 6.)

guerre ni des obligations de famille[1]. Ce guerrier anarchisant est aussi désinvolte à l'égard des prêtres[2] que des dieux eux-mêmes[3] ; le Père est à ses yeux entièrement désacralisé[4].

Ce Père est un faux dieu. Son Être repose sur un Avoir, il a tout, richesses, honneurs, pouvoir, alliances[5] ; mais caractériel-lement, il n'est rien ; son *faire* est *oblique* (c'était déjà le mot d'Euripide à son sujet). Ses hésitations n'ont aucun rapport avec la division du héros tragique ; en lui, ce ne sont même pas tout à fait l'amour filial et le devoir national qui luttent, ce sont plutôt des pressions publiques, ces voix du *qu'en-dira-t-on ?* si puis-santes dans l'univers racinien : *pour* le sacrifice, il y a, non pas les dieux, mais les avantages d'une expédition dont la gloire n'arrive pas à cacher tout à fait le profit[6] ; *contre* le sacrifice, il y a certes un sentiment paternel (Agamemnon n'est pas un monstre, c'est un *médiocre,* une âme moyenne), mais ce senti-ment a sans cesse besoin de la caution ou de la résistance d'au-trui ; comme tout être faible, il vit abusivement dans le langage ; c'est par le langage qu'il est attaqué, il redoute et fuit les dis-cours de Clytemnestre[7] ; et c'est par le langage qu'il se protège, s'enveloppant nébuleusement dans l'aphorisme, les considéra-tions rancies sur la nature humaine[8].

Toutes ces personnes (car il s'agit bien de revendications

---

1. Content de son hymen, vaisseaux, armes, soldats,
    Ma foi lui promit tout, et rien à Ménélas. (IV, 6.)

2. Cet oracle est plus sûr que celui de Calchas. (III, 7.)

3. Les Dieux sont de nos jours les maîtres souverains,
    Mais, Seigneur, notre gloire est dans nos propres mains. **(I, 2.)**

4. Lui, votre père ? Après son horrible dessein,
    Je ne le connais plus que pour votre assassin. (III, 6.)
    Elle est de mes serments seule dépositaire. (IV, 6.)

5. Roi, père, époux heureux, fils du puissant Atrée,
    Vous possédez des Grecs la plus riche contrée. **(I, 1.)**

6. Pour tout le prix enfin d'une illustre victoire
    Qui le doit enrichir, venger, combler de gloire… (III, 6.)

7. A mon perfide époux, je cours me présenter.
    Il ne soutiendra point la fureur qui m'anime, (III, 5.)

8. Heureux qui, satisfait de son humble fortune… **(I, 1.)**

individuelles) sont agitées, opposées ou plus encore liées au sein
d'une réalité qui est en fait le personnage central de la pièce : la
famille. Il y a dans Iphigénie une vie familiale intense. Dans
aucune autre pièce, Racine n'a présenté une famille aussi soli-
dement constituée, pourvue d'un noyau complet (le père, la
mère, la fille), de collatéraux (Hélène, autour de qui on se dispute), d'ascendants (mari et femme se les jettent à la tête[1]) et
d'une alliance prochaine (les « droits » du futur gendre sont
âprement discutés[2]). Comment ne pas voir que dans ce bloc
solide, tout occupé d'un grand intérêt matériel, Ériphile (c'est-à-
dire le héros tragique) est vraiment l'*intruse,* que tous sacrifie-
ront (et le public louis-quatorzien avec eux) au succès du clan ?
Il y a dans *Iphigénie* un singulier prosaïsme des rapports
humains, parce que précisément ces rapports sont familiaux, au
sens moderne du mot ; prosaïsme d'expression, parfois, qui n'est
pas sans rappeler le ton des bourgeoises querelles de la comédie
moliéresque[3] ; mais surtout, et d'une façon continue, prosaïsme
psychologique, car ce que l'on nomme en langage soutenu les
assauts d'un personnage contre un autre, ce n'est rien de moins
que l'unité qui va animer pendant des siècles notre théâtre réaliste, et que l'on appelle, par une précieuse ambiguïté, la *scène,*
ou, comme dit Giraudoux, « l'une de ces conflagrations hebdo-
madaires qui surgissent dans les familles passionnées[4] ».

Or la famille n'est pas un milieu tragique ; saisie comme
groupe vivant, et l'on pourrait presque dire comme espèce,
c'est-à-dire animée d'une vraie force expansive, elle ne peut
faire de l'impossibilité de vivre une valeur et une fin. Il est vrai
que lorsque la pièce commence, le problème posé à la
conscience est proprement tragique : faut-il sacrifier Iphigénie
ou non ? Cette alternative ne souffre, semble-t-il, aucune issue

---

1.   Laissez à Ménélas racheter d'un tel prix
       Sa coupable moitié, dont il est trop épris… (IV, 4.)

2.   IV, 6.

3.   – Ah ! je sais trop le sort que vous lui réservez.
       – Pourquoi le demander, puisque vous le savez ? (IV, 6.)

4. J. Giraudoux, *Racine* (Grasset), p. 39.

imprévue, aucune issue *inventée* : c'est oui ou c'est non. Or Racine (et c'est là le sens profond de l'œuvre, sa *nouveauté*, comme la Préface le souligne), Racine donne à ce dilemme tragique une issue non tragique ; et cette issue, c'est *précisément* le personnage tragique qui la lui fournit. Tuer Iphigénie ou ne pas la tuer, disait la tragédie. Et Racine répond : la tuer et *en même temps* ne pas la tuer, car immoler Ériphile, c'est sauver la signification du meurtre sans cependant en assumer l'absolu. Racine esquisse ici quelque chose qui est comme une solution dialectique, formelle sans doute, encore barbare (la vraie solution dialectique eût été d'inventer un moyen pour se passer des vents et des dieux), mais qui témoigne incontestablement, dans cette seconde moitié du XVIIe siècle, de cet esprit nouveau, de ce courant naturaliste, dont Molière fut le prestigieux représentant : sans Ériphile, *Iphigénie* serait une très bonne comédie.

Phèdre

Dire ou ne pas dire ? Telle est la question. C'est ici l'être même de la parole qui est porté sur le théâtre : la plus profonde des tragédies raciniennes est aussi la plus formelle ; car l'enjeu tragique est ici beaucoup moins le sens de la parole que son apparition, beaucoup moins l'amour de Phèdre que son aveu. Ou plus exactement encore : la nomination du Mal l'épuise tout entier, le Mal est une tautologie, Phèdre est une tragédie nominaliste [1].

Dès le début Phèdre se sait coupable, et ce n'est pas sa culpabilité qui fait problème, c'est son silence [2] : c'est là qu'est sa liberté. Phèdre dénoue ce silence trois fois : devant Œnone (I, 3), devant Hippolyte (II, 5), devant Thésée (V, 7). Ces trois ruptures ont une gravité croissante ; de l'une à l'autre, Phèdre approche

---

1.   Quand tu sauras mon crime, et le sort qui m'accable,
       Je n'en mourrai pas moins, j'en mourrai plus coupable. (I, 3.)

       – Hippolyte ? Grands Dieux ! – C'est toi qui l'as nommé. (I, 3.)

2.   Phèdre, atteinte d'un mal qu'elle s'obstine à taire… (I, 1.)

d'un état toujours plus pur de la parole. La première confession
est encore narcissique, Œnone n'est qu'un double maternel de
Phèdre, Phèdre se dénoue à elle-même, elle cherche son identité,
elle fait sa propre histoire, sa confidence est épique. La seconde
fois, Phèdre se lie magiquement à Hippolyte par un jeu, elle
représente son amour, son aveu est dramatique. La troisième
fois, elle se confesse publiquement devant celui qui, par son seul
Être, a fondé la faute ; sa confession est littérale, purifiée de tout
théâtre, sa parole est coïncidence totale avec le fait, elle est *correction* : Phèdre peut mourir, la tragédie est épuisée. Il s'agit
donc d'un silence torturé par l'idée de sa propre destruction.
Phèdre est son silence même : dénouer ce silence, c'est mourir,
mais aussi mourir ne peut être qu'avoir parlé. Avant que la tragédie ne commence, Phèdre veut déjà mourir, mais cette mort
est suspendue[1] : silencieuse, Phèdre n'arrive ni à vivre ni à mourir : seule, la parole va dénouer cette mort immobile, rendre au
monde son mouvement[2].

Phèdre n'est d'ailleurs pas la seule figure du Secret ; non seulement son secret est contagieux, Hippolyte et Aricie refusant
eux aussi au mal de Phèdre toute nomination[3] ; mais encore
Phèdre a un double, contraint lui aussi par la terreur de parler :
Hippolyte. Pour Hippolyte comme pour Phèdre, aimer c'est être
coupable devant ce même Thésée qui interdit au fils le mariage
par l'effet de la loi vendettale, et qui ne meurt jamais. Bien plus,
aimer et dire cet amour, c'est, pour Hippolyte, le même scandale, une fois de plus la culpabilité du sentiment ne se distingue
en rien de sa nomination : Théramène parle à Hippolyte exacte-

---

1.   Une femme mourante et qui cherche à mourir... (I, 1.)
2.   Et la mort, à mes yeux dérobant la clarté,
         Rend au jour, qu'ils souillaient, toute sa pureté. (V, 7.)
3. Hippolyte à Thésée :

    Je devrais faire ici parler la vérité,
    Seigneur ; mais je supprime un secret qui vous touche. (IV, 2.)

Hippolyte à Aricie :

    ... et que jamais une bouche si pure
    Ne s'ouvre pour conter cette horrible aventure. (V, 1.)

ment comme Œnone à Phèdre[1]. Toutefois, comme double de Phèdre, Hippolyte représente un état bien plus archaïque de son mutisme, c'est un double régressif ; car la constriction d'Hippolyte est d'essence[2], celle de Phèdre est de situation. La contrainte orale d'Hippolyte est ouvertement donnée comme une contrainte sexuelle : Hippolyte est muet *comme* il est stérile ; en dépit des précautions mondaines de Racine, Hippolyte est refus du sexe, antinature ; la confidente, voix de la normalité, par sa curiosité même, atteste le caractère monstrueux d'Hippolyte, dont la virginité est spectacle[3]. Sans doute la stérilité d'Hippolyte est dirigée contre le Père, elle est remontrance au Père pour la profusion anarchique dont il gaspille la vie[4]. Mais le monde racinien est un monde immédiat : Hippolyte hait la chair comme un mal littéral : Éros est contagieux, il faut se couper de lui, refuser le contact des objets qu'il a effleurés : le seul regard de Phèdre sur Hippolyte corrompt Hippolyte[5], son épée devient répugnante dès que Phèdre l'a touchée[6]. Aricie n'est sur ce point que l'homologue d'Hippolyte : sa vocation est la stérilité, non seulement par l'arrêt de Thésée[7], mais par son être même[8].

1. Théramène à Hippolyte :
     Vous périssez d'un mal que vous dissimulez. (I, 1.)

2. L'amour d'Hippolyte pour Aricie est défi à l'essence :
     Maintenant je me cherche et ne me trouve plus. (II, 2.)

3.   Et même en le voyant, le bruit de sa fierté
     A redoublé pour lui ma curiosité (II, 1.)

4.   Mais quand tu récitais des faits moins glorieux,
     Sa foi partout offerte et reçue en cent lieux…
     Tu sais comme, à regret écoutant ce discours,
     Je te pressais souvent d'en abréger le cours…
     Et moi-même, à mon tour, je me verrais lié ? (I, 1.)

5.   Je ne puis sans horreur me regarder moi-même. (II, 6.)

6.   Il suffit que ma main l'ait une fois touchée
     Je l'ai rendue horrible à ses yeux inhumains ;
     Et ce fer malheureux profanerait ses mains. (III, 1.)

7.   Il défend de donner des neveux à ses frères,
     D'une tige coupable il craint un rejeton,
     Il veut avec leur sœur ensevelir leur nom. (I, 1.)

La constriction est donc bien la forme qui rend compte à la fois de la pudeur, de la culpabilité et de la stérilité, et Phèdre est sur tous les plans une tragédie de la Parole enfermée, de la Vie retenue. Car la parole est un substitut de la vie : parler, c'est perdre la vie, et toutes les conduites d'épanchement sont senties dans un premier mouvement comme des gestes de dilapidation : par l'aveu, par la parole dénouée, c'est le principe même de la vie qui semble s'en aller ; parler, c'est se répandre, c'est-à-dire se châtrer, en sorte que la tragédie est soumise à l'économie d'une formidable avarice [1]. Mais en même temps, bien sûr, cette parole bloquée est fascinée par son expansion : c'est au moment où Phèdre se tait le plus que, par un geste compensatoire, elle rejette les vêtements qui l'enferment et veut montrer sa nudité [2]. On comprend qu'alors *Phèdre* soit aussi une tragédie de l'accouchement. Œnone est vraiment la nourrice, l'accoucheuse, celle qui veut libérer Phèdre de sa parole à n'importe quel prix, celle qui extrait le langage de la cavité profonde où il est resserré. Cette fermeture intolérable de l'être, qui est dans un même mouvement mutisme et stérilité, c'est aussi, on le sait, l'essence d'Hippolyte : Aricie sera donc l'accoucheuse d'Hippolyte comme Œnone l'est de Phèdre ; si Aricie s'intéresse à Hippolyte, c'est expressément pour le percer [3], faire couler enfin son langage. Bien plus encore : rêveusement, c'est ce rôle d'accoucheuse que Phèdre entend jouer auprès d'Hippolyte ; comme sa sœur Ariane, dénoueuse du Labyrinthe, elle veut débrouiller l'écheveau, dévider le fil, conduire Hippolyte de la caverne au jour [4].

Qu'est-ce donc qui fait la Parole si terrible ? C'est d'abord qu'elle est un acte, le mot est puissant. Mais surtout c'est qu'elle

---

8.   Tu sais que de tout temps à l'amour opposée… (II, 1.)

1.   J'ai pris la vie en haine… (I, 3.)

2.   Que ces vains ornements, que ces voiles me pèsent… (I, 3.)

3.   Mais de faire fléchir un courage inflexible,
     De porter la douleur dans une âme insensible…
     C'est là ce que je veux, c'est là ce qui m'irrite. (II, 1.)

4.   C'est moi, Prince, c'est moi, dont l'utile secours
     Vous eût du Labyrinthe enseigné les détours… (II, 5.)

est irréversible[1] : nulle parole ne peut se reprendre : livré au Logos, le temps ne peut se remonter, sa création est définitive. Aussi, en éludant la parole, on élude l'acte[2], en la passant à autrui, comme au jeu du furet, on lui en laisse la responsabilité ; et si l'on a commencé à parler par « un égarement involontaire », il ne sert à rien de se reprendre, il faut aller jusqu'au bout[3]. Et la ruse d'Œnone consiste précisément, non pas à *reprendre* l'aveu de Phèdre, à l'annuler, ce qui est impossible, mais à le retourner : Phèdre accusera Hippolyte du crime même dont elle est coupable : le mot restera intact, simplement transféré d'un personnage à l'autre. Car le mot est indestructible : la divinité cachée de *Phèdre* n'est pas Vénus, ni le Soleil : c'est ce Dieu « formidable aux parjures », dont le temple se dresse aux portes de Trézène, entouré des tombeaux des ancêtres, et devant lequel Hippolyte va mourir. Thésée lui-même est la propre victime de ce dieu : lui qui pourtant a su *revenir* de l'Enfer, reprendre l'irreprenable, il est celui qui parle trop tôt ; semi-divin, assez puissant pour dominer la contradiction de la mort, il ne peut cependant défaire le langage : les dieux lui renvoient le mot sorti, sous forme d'un dragon qui le dévore en son fils.

Naturellement, comme drame panique de l'ouverture, *Phèdre* dispose d'une thématique très ample du caché. L'image centrale en est la Terre ; Thésée, Hippolyte, Aricie et ses frères[4] descendent tous de la Terre. Thésée est un héros proprement chtonien, familier des Enfers, dont le palais royal reproduit la concavité étouffante[5] ; héros labyrinthique, il est celui qui a su

---

1. Dans *Phèdre*, tragédie sans marivaudage, les mots ne se reprennent jamais : il n'y a pas de « scènes ».

2.   La charmante Aricie a-t-elle su vous plaire ?
     – Théramène, je pars, et vais chercher mon père. (I, 1.)

3.   Puisque j'ai commencé de rompre le silence,
     Madame, il faut poursuivre… (II, 2.)

     … Ah ! cruel, tu m'as trop entendue… (II, 5.)

4.   Reste du sang d'un roi noble fils de la Terre…
     . . . . et la terre humectée
     But à regret le sang des neveux d'Érechtée. (II, 1.)

5.   Il me semble déjà que ces murs, que ces voûtes… (III, 3.)

triompher de la caverne, passer plusieurs fois de l'ombre à la lumière, connaître l'inconnaissable et pourtant revenir ; et le lieu naturel d'Hippolyte, c'est la forêt ombreuse, où il nourrit sa propre stérilité [1]. En face de ce bloc tellurique, Phèdre est déchirée : par son père Minos, elle participe à l'ordre de l'enfoui, de la caverne profonde ; par sa mère Pasiphaé, elle descend du Soleil ; son principe est une mobilité inquiète entre ces deux termes ; sans cesse, elle renferme son secret, retourne à la caverne intérieure, mais sans cesse aussi, une force la pousse à en sortir, à s'exposer, à rejoindre le Soleil ; et sans cesse elle atteste l'ambiguïté de sa nature : elle craint la lumière et l'appelle [2] ; elle a soif du jour et elle le souille ; en un mot son principe est le paradoxe même d'une lumière noire [3], c'est-à-dire d'une contradiction d'essences.

Or cette contradiction a, dans *Phèdre,* une figure achevée, c'est le monstre. D'abord, le monstrueux menace tous les personnages ; ils sont tous monstres les uns pour les autres, et tous aussi chasseurs de monstres [4]. Mais surtout, c'est un monstre, et cette fois-ci véritable, qui intervient pour dénouer la tragédie. Et

---

1.   Nourri dans les forêts il en a la rudesse. (III, 1.)

2.   … Vous haïssez le jour que vous veniez chercher. (I, 3.)

3.   Je voulais en mourant…
        … dérober au jour une flamme si noire. (I, 3.)

4. Phèdre à Hippolyte :

        Délivre l'univers d'un monstre qui t'irrite. (II, 5.)

Aricie à propos de Phèdre :

        . . . . Vos invincibles mains
        Ont de monstres sans nombre affranchi les humains.
        Mais tout n'est pas détruit, et vous en laissez vivre
        Un… (V, 3.)

Phèdre à Œnone :

        . . . . Va-t'en, monstre exécrable. (IV, 6.)

Hippolyte de lui-même :

        Croit-on que dans ses flancs un monstre m'ait porté ? (II, 2.)

Phèdre d'Hippolyte :

        Je le vois comme un monstre effroyable à mes yeux. (III, 3.)

ce monstre-là est l'essence même du monstrueux, c'est-à-dire qu'il résume dans sa structure biologique le paradoxe fondamental de *Phèdre* : il est la force qui fait irruption hors de la profondeur marine, il est celui qui fond sur le secret, l'ouvre, le ravit, le déchire, l'éparpille et le disperse ; à la fermeture principielle d'Hippolyte correspond tragiquement (c'est-à-dire ironiquement) une mort par éclatement, la pulvérisation, largement *étendue* par le récit, d'un corps jusque-là essentiellement compact. Le récit de Théramène [1] constitue donc le point critique où la tragédie se résout, c'est-à-dire où la rétention antérieure de tous les personnages se défait à travers un cataclysme total. C'est donc bien Hippolyte le personnage exemplaire de *Phèdre* (je ne dis pas le personnage principal), il est vraiment la victime propitiatoire, en qui le secret et sa rupture atteignent en quelque sorte leur forme la plus gratuite ; et par rapport à cette grande fonction mythique du secret brisé, Phèdre elle-même est un personnage impur : son secret, dont l'issue est en quelque sorte *essayée* à deux reprises, est finalement dénoué à travers une confession étendue ; en Phèdre, la parole retrouve *in extremis* une fonction positive : elle a le temps de mourir, il y a finalement un accord entre son langage et sa mort, l'un et l'autre ont la même mesure (alors que le dernier mot même est volé à Hippolyte) ; comme une nappe, une mort lente se glisse en elle [2], et comme une nappe aussi, une parole pure, égale, sort d'elle ; le temps tragique, ce temps affreux qui sépare l'ordre parlé de l'ordre réel, le temps tragique est sublimé, l'unité de la nature est restaurée.

Phèdre propose donc une identification de l'intériorité à la culpabilité ; dans *Phèdre,* les choses ne sont pas cachées parce qu'elles sont coupables (ce serait là une vue prosaïque, celle

---

1. Sur le récit de Théramène, il existe un très beau commentaire de Léo Spitzer, que je ne connais que dans sa traduction italienne (*Critica stilistica e storia del linguaggio*, 1954, p. 227).

2.   J'ai voulu…
    Par un chemin plus lent descendre chez les morts.
    J'ai pris, j'ai fait couler dans mes brûlantes veines
    Un poison… (V, 7.)

d'Œnone, par exemple, pour qui la faute de Phèdre n'est que
contingente, liée à la vie de Thésée) ; les choses sont coupables du
moment même où elles sont cachées : l'être racinien ne se dénoue
pas et c'est là qu'est son mal : rien n'atteste mieux le caractère
formel[1] de la faute que son assimilation explicite à une maladie[2] ;
la culpabilité objective de Phèdre (l'adultère, l'inceste) est en
somme une construction postiche, destinée à naturaliser la souffrance du secret, à transformer utilement la forme en contenu.
Cette inversion rejoint un mouvement plus général, celui qui met
en place tout l'édifice racinien : le Mal est terrible, à proportion
même qu'il est vide, l'homme souffre d'une forme. C'est ce que
Racine exprime très bien à propos de Phèdre, quand il dit que
pour elle le crime même est une punition[3]. Tout l'effort de Phèdre
consiste à *remplir* sa faute, c'est-à-dire à absoudre Dieu.

Esther

Il y a dans *Esther* un personnage scandaleux, c'est Aman. Ce
traître ne fait pas partie de la grande association légale qui unit les
Juifs, Esther, Mardochée et Assuérus dans la conscience superbe
de leurs Droits. Dans ce nouvel univers providentiel, Aman vient
de la tragédie, celle qu'ont habitée autrefois Taxile, Pyrrhus,
Néron et Ériphile. Par exemple, comme Néron sous Agrippine,
Aman est immobilisé sous le regard de Mardochée, Mardochée
l'obsède[4], obscurcit à ses yeux tout l'univers[5], lui enlève toute
saveur[6] ; mais comme Ériphile, il a choisi librement son aliéna-

---

1. Claudel semble avoir vu ce caractère *formel* du mal de Phèdre, quand il dit :
« *Phèdre* est une atmosphère à elle toute seule. »

2.   Phèdre, atteinte d'un mal qu'elle s'obstine à taire… (I, 1.)

3. Préface, fin du premier paragraphe.

4.   Son visage odieux m'afflige et me poursuit. (II, 1.)

5.   — Vous voyez l'univers prosterné devant vous.
          — L'univers ? Tous les jours un homme… un vil esclave,
          D'un front audacieux me dédaigne et me brave. (II, 1.)

6.   Et toute ma grandeur me devient insipide,
          Tandis que le soleil éclaire ce perfide. (II, 1.)

tion : sa haine pour Mardochée n'a pas pour mobile une rivalité de race[1] ou de fonction (comme ce sera le cas entre Mathan et Joad) : il le hait d'une façon toute pure. Comme Ériphile aussi, face à la famille juive, il est l'orphelin[2] et l'intrus, doublement étranger comme Amalécite et Macédonien. Il s'est fait[3], imposé tout seul, il ne reconnaît pas la loi du Sang[4]; sa trahison n'est en somme, une fois de plus, que le nom renversé de sa libération. En fait Aman ne veut qu'une chose : être reconnu. Dans cette cour où la gloire laisse toujours apparaître quelque ressort économique[5], Aman n'a qu'un mobile : la volupté de l'honneur[6]. Un seul être le refuse : Mardochée. Mardochée est un regard immobile qui dit *non,* et il y a entre lui et Aman le même rapport qu'entre Dieu et la créature à qui il refuse sa grâce : c'est cette frustration même qui enchaîne Aman à Mardochée : comme les héros de l'ancienne tragédie profane, il refuse de fuir, de quitter la tragédie.

L'ordre dont Aman est exclu est bien connu, il existe dans toutes les tragédies de Racine, à des profondeurs diverses, c'est celui de la Légalité. La Légalité est prise en charge ici ouvertement par Dieu, du moins le Dieu de l'Ancien Testament. C'est donc pour la première fois une Légalité pleinement triomphante, douée enfin d'une bonne conscience absolue : Dieu n'est plus mis en procès, l'enfant semble définitivement réconcilié avec son Père, qui lui donne son nom, sa voix. Le « dogmatisme », ce refus d'hériter qui a travaillé tant de héros raciniens, est épuisé, il n'y a plus au contraire qu'une gloire, une ivresse de l'héritage, un affermissement solennel du Sang, du Passé, en un mot, qui est à la fois celui de la Légalité profane et celui de la Légalité juive, de l'*Alliance.*

1. Mon âme, à ma grandeur toute entière attachée,
   Des intérêts du sang est faiblement touchée. (II, 1.)
2. Dans les mains des Persans jeune enfant apporté... (II, 1.)
3. J'ai su de mon destin corriger l'injustice. (II, 1.)
4. Oui, ce Dieu, je l'avoue est un Dieu redoutable.
   Mais veut-il que l'on garde une haine implacable ? (III, 5.)
5. Je te donne d'Aman les biens et la puissance. (III, 7.)
6. L'honneur seul peut flatter un esprit généreux... (II, 5.)

Ce parcours mythique, qui va cette fois-ci, à l'inverse du parcours tragique, de la dispersion à l'alliance, de l'infidélité à la fidélité, c'est le peuple juif qui l'accomplit. *Esther* prend les Juifs dans l'état racinien par excellence, celui d'ingratitude : ils ont rompu l'Alliance[1], en ont été punis de génération en génération[2], selon la loi vendettale ; il s'agit pour eux de « rentrer en grâce », mouvement qui a toujours fasciné Racine. Car la Légalité, qui apparaissait dans tant d'autres tragédies comme une Nature étouffante au point que se libérer, c'était oser rejoindre l'anti-Physis, la Légalité redevient la Nature : c'est lorsqu'ils en étaient séparés que les Juifs formaient un peuple monstrueux, singulier par rapport à l'univers entier, scandaleux à proportion de sa solitude même[3]. Pourtant ce Dieu que définit la nouvelle Nature reste un Dieu injuste, cruel et si lointain que le monde est comme un néant devant lui ; mais précisément : il permet de légaliser en quelque sorte l'agression, de combattre dans la bonne conscience, d'exercer sans culpabilité le pouvoir de détruire, bref de vivre réconcilié tout en faisant l'économie d'une oblation.

Esther est la voie de ce renouement. Elle ne relie pas seulement la créature à son Dieu, mais aussi le Pouvoir au Père, qui en avait été momentanément dépossédé, Assuérus à Mardochée. Assuérus n'est qu'une fraction du pouvoir divin : sans doute, comme toute Autorité, il est à la fois invisible et éclatant[4], il

1.   Sous les Assyriens leur triste servitude
      Devint le juste prix de leur ingratitude. (III, 4.)

2.   Nos pères ont péché, nos pères ne sont plus,
      Et nous portons la peine de leurs crimes. (I, 5.)

3.   Oui, ce sont, cher ami, des monstres furieux. (III, 3.)

      Il nous croit en horreur à toute la nature. (I, 3.)

      Du reste des humains, ils semblent divisés…
      Et détestés partout, détestent tous les hommes. (II, 1.)

4.   Au fond de leur palais leur majesté terrible
      Affecte à leurs sujets de se rendre invisible. (I, 3.)

      Sur ce trône sacré, qu'environne la foudre,
      J'ai cru vous voir tout prêt à me réduire en poudre. (II, 7.)

      Des éclairs de ses yeux l'œil était ébloui. (II, 8.)

pose la créature dans une crise d'identité : devant lui, Esther est
sans origine, obligée de se définir par la question tragique pri-
mordiale : *qui suis-je ?* (ou du moins ici, car *Esther* est une
fausse tragédie : *qui est-elle ?*[1]) Mais ce Dieu est aussi créature,
il cherche son complément[2]; solaire, il trouve dans Esther
l'ombre, la matité d'un visage sans fards, une brillance tempérée
de larmes[3]. Le créateur, c'est Mardochée ; il est pour Esther le
Père total[4], elle est sa propriété absolue[5]. C'est Mardochée lui-
même qui l'a dédiée comme vierge-victime au Dieu-époux, il
règle ses actions comme celles d'un automate[6]. Il *est* : sa station
scandaleuse aux portes du palais est le signe même de sa permanence d'être ; c'est lui la véritable essence, le Lien, le Dieu du
Passé, l'immobilité devant qui tout est objet ou instrument ;
comme Joad, il concentre en lui la puissance sacrée et l'ingéniosité temporelle ; le dieu capricieux, gracieux, éclatant (Assuérus)
n'est lui-même qu'objet entre les mains de cette figure cen-
dreuse, statique, véritable spectre de l'inertie[7] à laquelle la psyché racinienne ici se soumet et en quelque sorte s'ordonne
comme Esther à son créateur.

Le monde réconcilié, l'immobilité rétablie, le Passé renoué,
l'infidélité abolie ont pour prix cette sujétion au Père-Prêtre et

1. Le Roi, jusqu'à ce jour, ignore qui je suis. (I, 1.)
    Allez, osez au Roi déclarer qui vous êtes. (I, 3.)

2. Tout respire en Esther l'innocence et la paix.
    Du chagrin le plus noir elle écarte les ombres,
    Et fait des jours sereins de mes jours les plus sombres. (II, 7.)

3. Et moi, pour toute brigue et pour tout artifice,
    De mes larmes au Ciel j'offrais le sacrifice. (I, 1.)

4. ... Me tint lieu, chère Élise, et de père et de mère. (I, 1.)

5. Que dis-je ? Votre vie, Esther, est-elle à vous ? (I, 3.)

6. Celui par qui le Ciel règle ma destinée
    Sur ce secret encor tient ma langue enchaînée. (I, 1.)

7. Lui, fièrement assis, et la tête immobile...
    Du palais cependant il assiège la porte...
    Je l'ai trouvé couvert d'une affreuse poussière,
    Revêtu de lambeaux, tout pâle. Mais son œil
    Conservait sous la cendre encor le même orgueil (II, 1.)

Chef de peuples. *Esther* n'est pas seulement un divertissement circonstanciel d'enfants ; elle est promotion véritable de l'enfance, confusion triomphante de l'irresponsabilité et du bonheur, élection d'une passivité délicieuse, savourée par tout un chœur de vierges-victimes, dont les chants, à la fois louanges et plaintes, forment comme le *milieu* – sensuel – du bonheur racinien.

Athalie

Comme au temps de la première tragédie de Racine, voici deux frères ennemis, Juda et Israël ; ces deux frères ont un Père unique, Dieu ou ses rois unitaires, David, Salomon. L'un des frères est le bon fils, il reconnaît la toute-puissance du Père, garde sa loi ; l'autre est le mauvais fils ; rebelle, il se donne à de faux pères. Le premier est captif dans le temple encerclé ; le second est puissant. Les deux frères combattent à mort, l'un au nom du Père, l'autre contre le Père. Naturellement, la fidélité au Père est avant tout Mémoire, choix du Passé, et le conflit fratricide est donné dès les premiers vers de la tragédie comme une rupture catastrophique du temps[1] : au temps cérémoniel, c'est-à-dire constitué par le retour et la répétition[2], qui est le temps du Père Légal et qui est un temps immobile, s'oppose un temps contradictoire, puisqu'il est véritable dérision du temps, oubli, c'est-à-dire ingratitude[3]. Voilà donc posée, dans cette ultime tragédie, directement et pour ainsi dire à l'échelle même du mythe, la figure centrale de tout l'univers racinien : le schisme.

L'origine du schisme est évidemment une rupture de l'Alliance qui unit Dieu et son peuple, le Père et le fils ; l'enjeu du conflit tragique est comme dans *Esther* la restauration de ce

---

1.   Que les temps sont changés !...
       L'audace d'une femme...
       En des jours ténébreux a changé ces beaux jours. (I, 1.)

2.   Je viens, selon l'usage antique et solennel... (I, 1.)

3.   Le reste pour son Dieu montre un oubli fatal... (I, 1.)

contrat collectif[1] . On sait que la rupture de la Légalité est le mouvement qui mine la psyché racinienne. Le schisme est une rupture amplifiée, exposée. Ici, ce n'est plus un individu qui tente de se séparer du sang (Pyrrhus ou Néron), c'est le Sang même qui se divise, engendre deux lignes antagonistes et pour ainsi dire deux légalités rivales, dont l'une imite l'autre. En un mot, la lignée schismatique dispose elle-même d'un sang, d'un Être trans-temporel, elle a sa vendetta interne[2], et c'est là son horreur : elle ressemble en tous points à la lignée légitime. Il ne s'agit plus ici de l'effort d'un homme pour briser tout seul la terrible loi vendettale ; il s'agit du conflit de deux vendettas distinctes, mais symétriques, de deux Sangs homologues, puisque issus de la même Semence. Dans son état profane, la division racinienne opposait le *je* au *on*, la liberté à son entour, une respiration à un étouffement ; dans son état religieux, le schisme oppose deux objets finis ; il met face à face des doubles (et non plus l'*un* contre le *tous*) : deux divinités (Javeh et Baal), deux prêtres (Mathan et Joad[3]), deux Rois (Athalie et Joas), deux Pères (Athalie et Joad[4]), et deux Temples[5]. Le conflit n'a plus ici la forme d'un investissement, mais d'un affrontement. Jusqu'à *Phèdre,* c'est ou le poison ou le lacet qui règle la tragédie. Mais le rideau que tire Joad pour découvrir ses lévites-soldats est comme la surface qui unit et sépare à la fois deux mondes également armés : pour la première fois, la scène racinienne est solennellement ouverte aux armes. Dans aucune autre

1. Roi, prêtres, peuple, allons, pleins de reconnaissance,
   De Jacob avec Dieu confirmer l'alliance. (V, 7.)

2. *Athalie :* Oui, ma juste fureur, et j'en fais vanité,
   A vengé mes parents sur ma postérité. (II, 7.)

3. Qu'est-il besoin, Nabal, qu'à tes yeux je rappelle
   De Joad et de moi la fameuse querelle… (III, 3.)

4.   Quel père
   Je quitterais ! Et pour…
            – Hé bien ?
            – Pour quelle mère ! (II, 7.)

5. Enfin, au dieu nouveau qu'elle avait introduit,
   Par les mains d'Athalie un temple fut construit. (III, 3.)

tragédie de Racine, il n'existe un corps à corps aussi nu que celui qui joint Athalie à Joad (c'est-à-dire à Dieu), le fils au Père ; ce corps à corps n'est plus indistinctement étreinte et caresse, il est bataille, son langage est enfin le blasphème[1].

L'enjeu du schisme est évidemment un être qui tient également à l'une et à l'autre lignée et qu'elles se disputent. Joas est constitué à la fois par la confusion des deux sangs et par leur division : ce paradoxe constitue l'être même du schisme. Les deux sangs sont en lui à part égale, et c'est à juste titre que Josabeth se demande avec angoisse lequel va l'emporter, du sang paternel ou du sang maternel[2] ; il s'agit bien entendu d'une filiation archétypique : Joas une fois ramené à son père Ochosias, la lignée paternelle se confond avec l'ordre mâle (David, Josaphat, Joram), la lignée maternelle avec celui des femmes (Jézabel, Athalie), en sorte que ce dernier conflit racinien est un conflit mythique des sexes. Le problème est donc de savoir si l'enfant du schisme peut mettre fin au schisme, si ce qui est constitué par la division peut restaurer l'unité originelle, si, conformément à la vie, l'un peut germer de deux contraires, en un mot si le paradoxe est viable. Racine manifeste la nature problématique de Joas en le soumettant sans cesse à l'épreuve d'identité[3] (dont on sait qu'elle est l'épreuve tragique par excellence) · sorti de la nuit et de la mort[4], *qui est Joas ?* La question, en dépit du dénouement apparent de la tragédie, est par nature sans réponse (la tragédie consiste précisément à choisir des questions sans issue, de façon à alimenter d'une façon sûre

---

1.   … Dieu des Juifs, tu l'emportes ! (V, 6.)
2.   Qui sait…
        Si Dieu, le séparant d'une odieuse race,
        En faveur de David voudra lui faire grâce ? (I, 2.)
3.   Je suis, dit-on, un orphelin…
        Et qui de mes parents n'eus jamais connaissance. (II, 7.)
4.   Une profonde nuit enveloppe sa race… (III, 4.)
        Tout Juda, comme vous, plaignant la destinée,
        Avec ses frères morts le crut enveloppé. (IV, 3.)

        … À l'aspect de ce roi racheté du tombeau ! (V, 1.)

l'appétit de l'échec) : sans doute l'intronisation de Joas et le meurtre de sa mère semblent en faire définitivement le fils du Père, c'est-à-dire le fils réconcilié avec le Père. Mais la prophétie de Joad retourne la fausse tragédie providentielle en tragédie véritable : le triomphe du Père ne sera que le moment d'une éternelle ambiguïté, le terme d'une division inexpiable ; repris par la Mère au moment même où il la tue [1], Joas reviendra à la condition fratricide fondamentale : il tuera son frère Zacharie ; et les vers alternés que le Chœur lui dédie (III, 8) le consacrent finalement à son tour comme figure de la division.

Il existe chez Racine, on le sait, une contradiction entre son éthique et son esthétique : le Bien, qu'il choisit, est chez lui une abstraction, mêlée de conformisme, ses personnages apparemment positifs sont des personnages ennuyeux, des sortes de grands masques vides ; le Mal, qu'il condamne, est vivant ; sous la noirceur apparente, des nuances, des tentations, des regrets s'agitent, comme si dans le héros noir venait se déposer le noyau même de la subjectivité racinienne. Ce contraste esthétique recouvre en fait une contradiction métaphysique, que l'on connaît bien : Dieu est vide, et c'est pourtant à lui qu'il faut obéir. Du côté de Joad, c'est-à-dire de la légalité triomphante, l'actif est sombre, monotone : un Dieu des Combats, dont le pardon n'est donné qu'évasivement ; un prêtre fanatique et déloyal [2], qui excite ouvertement au meurtre [3] ; un enfant vindicatif, qui n'est intelligent qu'à proportion de sa cruauté native ; des partisans consommés dans l'art de la mauvaise foi, vierges quand il faut apitoyer, soldats quand il faut détruire. On dirait que le Père n'est tout-puissant que par une décision absolument gracieuse du fils.

Du côté de la subversion le tableau est tout autre, il y a une *structure* du Mal. Par exemple Joad est indéfini, il n'est qu'une

---

1.   Voici ce qu'en mourant lui souhaite sa mère... (V, 6.)

2. Racine a justifié la fourberie de Joad en se référant aux ruses de Jésus et de saint Laurent, ce qui n'a pas empêché Voltaire de s'en indigner violemment.

3.   Dans l'infidèle sang baignez-vous sans horreur ;
       Frappez et Tyriens, et même Israélites. (IV, 3.)

pure pétition de principe ; Mathan, lui, a une histoire, il est défini
par le rapport d'agression qui l'unit à Dieu : prêtre apostat[1], rival
évincé du sacrificateur régulier, sa haine du Dieu juif est avant
tout regret d'avoir rompu la Loi, fait sécession, trahi le Père[2].
Comme tous les exclus raciniens, son statut est triple : il ne
trouve que vide en dehors de la légalité qu'il a rejetée[3] ; c'est sa
haine qui le fait vivre ; le mal l'attire à l'état pur, cataclys-
mique[4].

Athalie aussi est une ennemie personnelle du Dieu juif, elle
vit avec lui dans un rapport d'aliénation. Elle aussi est une
exclue : face au monde clos de la Légalité, monde raciste s'il en
fut, elle est l'Étrangère[5]. Mais son pouvoir subversif va beaucoup plus loin que la méchanceté maniaque de Mathan : elle a un
véritable pouvoir sur la nature : elle peut convertir le nom des
choses[6], elle peut elle-même se convertir de Reine en Roi[7],
c'est-à-dire rivaliser avec le sexe de la lignée adverse ; elle est
accoucheuse, exploratrice de secrets interdits ; non seulement

1.   Mathan, de nos autels infâme déserteur… (I, 1.)

2.   … et son impiété
     Voudrait anéantir le Dieu qu'il a quitté. (I, 1.)

3.   Ami, peux-tu penser que d'un zèle frivole
     Je me laisse aveugler par une vaine idole,
     Par un fragile bois que, malgré mon secours,
     Les vers sur son autel consument tous les jours ? (III, 3.)

4.   Heureux si, sur son temple achevant ma vengeance,
     Je puis convaincre enfin sa haine d'impuissance,
     Et parmi le débris, le ravage et les morts,
     À force d'attentats perdre tous mes remords ! (III, 3.)

5.   … une impie étrangère
     Du sceptre de David usurpe tous les droits. (I, 1.)

                                    … Une impie étrangère
     Assise, hélas ! au trône de tes rois… (II, 9.)

6.   L'audace d'une femme…
     En des jours ténébreux a changé ces beaux jours. (I, 1.)

7.   Dans un des parvis, aux hommes réservé,
     Cette femme superbe entre, le front levé… (II, 2.)

         … cette reine éclairée, intrépide
     Élevée au-dessus de son sexe timide… (III, 3.)

elle essaye de percer la nuit originelle de l'enfant, d'accoucher Éliacin de Joas, l'apparence de l'être, mais encore elle profane le Temple, c'est-à-dire très exactement qu'elle ouvre le secret dont le Temple est la forme signifiante [1]. En somme elle recueille toutes les fonctions de l'anti-Nature, mais par là même elle s'ouvre au monde : elle aime la richesse, elle sait gouverner, pacifier, au besoin se faire libérale, laisser coexister des dieux ennemis ; bref elle a le sens de l'*imperium* [2] ; sa largeur de vue politique fait contraste avec le fanatisme du parti-prêtre, dont le petit Roi est entièrement le produit et l'instrument.

Bien plus encore : elle connaît l'inquiétude [3], c'est-à-dire la bonne foi ; la liberté de l'être, aussi : elle peut *changer* [4], redevenir femme sous l'action d'Éros (car c'est bien le lien qui l'unit à Joas : un *charme,* une fascination d'amour [5]). Elle voit dans la fidélité une mort, elle se sent prête à rompre enfin la Loi vendettale ; dans la tragédie, c'est elle qui approche de la solution contre-tragique : en proposant de recueillir l'enfant (exactement comme Pyrrhus voulait adopter Astyanax), elle recommande une fusion libre des deux sangs, la restauration juste d'un univers déchiré par le schisme ; des deux légalités rivales, elle veut faire une légalité unique et nouvelle, retourner l'infanticide en adoption, substituer à la filialité *naturelle,* source de crimes, une filialité *élue,* gage de réconciliation.

On sait que Joad est le Refus même. Face à l'*ouverture* d'Athalie, il retourne âprement au cercle vendettal, convertit le meurtre de l'enfant en meurtre de la mère, se soumet inconditionnellement à la symétrie, prophétise la génération infinie des

---

1. Les actes d'ouverture et de fermeture du Temple sont la respiration même de l'action, comme dans *Bajazet* l'ouverture et la fermeture du sérail.

2. II, 5.

3.   Cette paix que je cherche et qui me fuit toujours. (II, 3.)

4.   Ami, depuis deux jours je ne la connais plus... (III, 3.)

5.   La douceur de sa voix, son enfance, sa grâce,
Font insensiblement à mon inimitié
Succéder... (II, 7.)
Soit qu'elle eût même en lui vu je ne sais quel charme... (III, 3.)

crimes et contraint Athalie à revenir elle-même à la loi du Sang ;
non seulement, par son refus, Dieu la repousse dans le mal
ancestral, mais sous les traits de sa mère Jézabel la punit par le
plus horrible des anéantissements, la dispersion des chairs, données aux chiens[1]. Tel est le prix qu'il faut payer pour donner,
selon le mot dernier du théâtre racinien – combien ironique ! – à
« l'orphelin un père ».

---

1. Dans son sang inhumain les chiens désaltérés,
    Et de son corps hideux les membres déchirés… (I, 1.)

    Mais je n'ai plus trouvé qu'un horrible mélange
    D'os et de chairs meurtris et traînés dans la fange,
    Des lambeaux pleins de sang et des membres affreux
    Que des chiens dévorants se disputaient entre eux. (II, 5.)

II. Dire Racine

Il semble bien que le public d'aujourd'hui consomme Racine d'une façon purement anthologique : dans *Phèdre,* c'est le personnage de Phèdre que l'on vient voir, et plus encore que Phèdre, l'actrice elle-même : comment s'en tirera-t-elle ? On sait que les critiques de théâtre datent communément leur âge d'après les Phèdres qu'ils ont vues. Le texte lui-même est reçu comme un ensemble de matériaux où le plaisir fait son choix : des vers heureux, des tirades célèbres s'enlèvent sur un fond d'obscurité et d'ennui : c'est pour cette actrice, ces vers, ces tirades que l'on vient au théâtre ; le reste, on le supporte, au nom de la culture, au nom du passé, au nom d'une saveur poétique patiemment attendue parce qu'elle a été localisée par des siècles de mythe racinien[1]. Le Racine public (je n'ose dire populaire), c'est ce mélange d'ennui et de fête, c'est-à-dire essentiellement un spectacle discontinu.

Or la diction racinienne, telle qu'elle se pratique communément aujourd'hui, de la Comédie-Française au TNP, flatte et embarrasse tout à la fois ce goût du public. Elle le flatte parce qu'elle lui présente un sens discontinu, bien accordé à cette

1. La fille de Minos et de Pasiphaé. – Si je le haïssais, je ne le fuirais pas. – Soleil, je te viens voir pour la dernière fois. – Ariane, ma sœur... – C'est Vénus tout entière à sa proie attachée. – Présente, je vous fuis, absente, je vous trouve. – Charmant, jeune, traînant tous les cœurs après soi. – À peine sortions-nous des portes de Trézène. – Etc.

volonté d'anthologie dont je viens de parler ; et elle l'embarrasse parce que ce sens morcelé, anthologique, elle le récite, c'est-à-dire le soutient par un souffle artificiel. Tout se passe comme si la diction racinienne était le résultat bâtard d'un faux conflit entre deux tyrannies contraires et pourtant illusoires : la clarté du détail et la musicalité de l'ensemble, le discontinu psychologique et le continu mélodique. D'où l'embarras visible des acteurs et du public devant un théâtre que l'on veut traiter à la fois comme une comédie psychologique et comme un oratorio.

En ce qui concerne la diction anthologique du texte racinien, je rappellerai que c'est là un élément traditionnel de l'esthétique bourgeoise : l'art bourgeois est un art du détail. Fondé sur une représentation quantitative de l'univers, il croit que la vérité d'un ensemble ne peut être que la somme des vérités particulières qui le constituent, que le sens général d'un vers, par exemple, n'est que l'addition pure et simple des mots expressifs qui le composent. En suite de quoi, on attribue une signification emphatique à la plus grande quantité possible de détails : dans la coulée du langage, le comédien bourgeois intervient sans cesse, il « sort » un mot, suspend un effet, fait signe à tout propos que ce qu'il dit là est important, a telle signification cachée : c'est ce qu'on appelle *dire* un texte.

Cet art pointilliste repose sur une illusion générale : non seulement l'acteur croit que son rôle est de mettre en rapport une psychologie et une linguistique, conformément au préjugé indéracinable qui veut que les mots *traduisent* la pensée ; mais encore cette psychologie et cette linguistique, il imagine chacune par nature morcelée, composée d'éléments discontinus qui se correspondent d'un ordre à l'autre avant de se correspondre entre eux : chaque mot devient pour lui une tâche précise (et quel mal ne se donne-t-il pas), il veut à tout prix manifester une analogie entre la substance musicale et le concept psychologique. Cette analogie, fausse, il n'y a qu'un moyen, bien pauvre, pour l'exprimer : on accentue certains mots. Mais, bien entendu, l'accent n'est plus ici musical, il est purement intellectif : ce que l'on met en relief, c'est un sens ; l'acteur dit son Racine à peu près comme un écrivain souligne ou met en italique certains mots de son texte, procédé didactique mais non esthétique.

Ce morcellement des significations a pour but de mâcher, en quelque sorte, le travail intellectuel de l'auditeur : l'acteur se croit chargé de penser pour lui. Il y a entre l'acteur tragique bourgeois et son public un rapport singulier d'autorité, qui pourrait peut-être recevoir une définition psychanalytique : le public est comme un enfant, l'acteur est son substitut maternel, il lui taille sa nourriture, lui propose des aliments tout coupés que l'autre consomme passivement. C'est là un rapport général que l'on retrouve dans bien d'autres arts que le théâtre. C'est par exemple, en musique, le *rubato,* qui est, lui aussi, une expressivité emphatique du détail, la substitution du sens particulier au sens général, de l'interprète au consommateur. On peut dire que la diction racinienne est la plupart du temps tyrannisée par le souci du *rubato.* Et de même que le *rubato,* par son indiscrétion, détruit le sens naturel du texte musical, de même, dans la diction racinienne, la signification excessive du détail détruit la signification naturelle de l'ensemble : à la limite, ce Racine tout mâché par l'acteur devient inintelligible, car l'addition de détails excessivement clairs produit un ensemble obscur : en art aussi, une loi dialectique veut que le tout ne soit pas la somme pure et simple des parties.

L'emphase du détail a une conséquence encore plus malheureuse : elle déforme la communication des acteurs entre eux. Tout occupé à faire valoir son texte détail après détail, l'acteur ne s'adresse plus à personne, sauf à quelque dieu tyrannique de la Signification. Les acteurs ont beau se regarder, ils ne se parlent pas ; on ne sait à qui Phèdre ou Hippolyte disent leur amour. Mais ce qu'il y a de plus grave, c'est qu'ils ne le disent même pas pour eux-mêmes ; en général, la pièce qu'ils nous présentent n'est franchement ni une comédie dramatique (où les personnages se définissent par une interpellation véritable), ni un poème lyrique (où la voix exprime rêveusement une profondeur). Tout se passe comme si l'acteur se débattait, non avec lui-même ou d'autres hommes, mais avec une sorte de langue obscure, et que sa seule tâche fût de la rendre un peu intelligible.

L'interprétation racinienne n'accède pas encore à un statut adulte : elle est un exercice forcené de traduction, non la manifestation de rapports humains.

Dans le cas de Racine, cette hypertrophie de la signification parcellaire est extrêmement embarrassante pour l'acteur qui la choisit ; car s'il veut se soumettre au mythe racinien, il doit sacrifier à la fois à la clarté du détail et à la musicalité de l'ensemble, à la fois pulvériser le texte en une multitude d'effets signifiants et le lier dans une mélodie générale. On sait combien l'idée d'une musique racinienne est sacrée : il faut plaindre l'acteur tyrannisé par ce fantôme à vrai dire insaisissable, et qui l'oblige pourtant à tenir les vers, à chanter les voyelles, à vibrer les finales, bref à orchestrer son discours comme s'il s'agissait d'une partition.

Ici encore, le vice vient d'un excès de scrupule. L'art classique est musical ; mais la musique y est prise en charge par une technique parfaitement définie : l'alexandrin. L'alexandrin classique épuise ouvertement toute la musique du langage, et c'est une indiscrétion analogue à celle du *rubato* que de lui ajouter une musique secrète, qui viendrait de l'acteur et non des données en quelque sorte scientifiques du vers. C'est parce que l'alexandrin est défini techniquement comme une fonction musicale qu'il n'y a pas à le dire musicalement ; il n'invite pas l'acteur à la musique, il lui en ôte au contraire la responsabilité. On peut dire à la limite que l'alexandrin dispense l'acteur d'avoir du talent. Comme dans tout théâtre codifié, la règle se substitue ouvertement à la subjectivité, la technique à l'expression. Il y a bien des rapports entre la rigueur de la règle classique et la syntaxe impérative des symboles gestuels et vestimentaires dans le théâtre oriental : l'une et l'autre sont là pour *épuiser* l'acteur, pour substituer son savoir à son inspiration [1] : imagine-t-on un

---

1. L'alexandrin est évidemment une technique de distancement, c'est-à-dire de séparation volontaire du signifiant et du signifié. Par ce qui me semble un véritable contresens, nos acteurs s'efforcent sans cesse de réduire cette distance, et de faire de l'alexandrin un langage *naturel,* soit en le prosaïsant, soit à l'inverse en le musicalisant. Mais la vérité de l'alexandrin n'est ni de se détruire ni de se sublimer : elle est dans sa distance.

acteur chinois qui combinerait indiscrètement le respect d'une symbolique ancestrale et une expressivité personnelle empruntée à notre naturalisme ? Dans tous ces arts, où la technique tient lieu systématiquement d'expression, le talent de l'acteur ne peut être que la connaissance parfaite de cette technique et la conscience de sa fin (aux deux sens de limite et de but) : un acteur racinien qui saurait ce qu'est l'alexandrin n'aurait pas à le chanter : l'alexandrin chante tout seul si on le laisse libre, libre de manifester son essence d'alexandrin.

Ces problèmes sont très importants parce que, dans un langage aussi « distant » que celui de la tragédie classique, le choix de la diction domine de très haut le choix de l'interprétation : on pourrait dire qu'il n'y a plus à interpréter Racine une fois que l'on a choisi la façon de le « dire » ; ou plus exactement : une diction « distante » entraînerait naturellement une interprétation tragique. C'est, pour ma part, la leçon que j'ai retirée de la *Phèdre* du TNP[1] où l'on peut dire en gros que les deux styles s'affrontent. Aussi, parler de l'interprétation de Maria Casarès (Phèdre) et de celle de Cuny (Thésée), ce n'est jamais qu'opposer la diction naturaliste à la diction tragique.

Maria Casarès a beaucoup risqué et beaucoup perdu, dans la Phèdre du TNP. Mais ce qu'il faut dire d'abord, c'est qu'il n'est pas du tout sûr que Phèdre soit un bon rôle ; ou plutôt, c'est un rôle dont la cohérence est incertaine, c'est un rôle divisé, à la fois psychologique (à la manière des « amoureuses » raciniennes, Hermione ou Roxane) et tragique (j'entends par rôle tragique celui où la communication avec les dieux est déterminante) : Phèdre est tantôt coupable (ce qui relève de la tragédie proprement dite) et tantôt jalouse (ce qui relève d'une psychologie mondaine). Ce mélange atteste le caractère ambigu du dernier théâtre racinien, où l'élément tragique le dispute sans cesse et d'une

Palais de Chaillot, 1958, régie de Jean Vilar.

façon inharmonieuse à l'élément psychologique, comme si Racine n'avait jamais pu choisir entre la tragédie rigoureuse qu'il n'a jamais écrite mais dont il a laissé une trace tourmentée dans la plupart de ses pièces, et la comédie dramatique bourgeoise qu'il a fondée pour des siècles et dont *Andromaque* et *Iphigénie* sont des exemples, eux, parfaitement achevés.

Ce qui est certain, c'est que, dans la suite du théâtre racinien, l'importance de Dieu (ou des Dieux) va croissant : le Dieu racinien existe de plus en plus fort parce qu'il est de plus en plus haï. *Phèdre* est bien, en un sens, l'un des tout derniers témoins de cette haine, et c'est en cela qu'elle communique avec les Dieux qui l'oppriment et la détruisent (Vénus), mais en même temps, elle est encore (par rapport à Andromaque) et déjà (par rapport à toutes les héroïnes du théâtre bourgeois) une amoureuse jalouse et intrigante ; d'une part, son malheur atteste le Destin, elle est amoureuse sans liberté, comme dans la tragédie antique ; mais, d'autre part, ce malheur est en quelque sorte pris en charge par une activité (et non seulement par une conscience) : Phèdre *fabrique* son destin, elle *fait* (de l'intrigue), sous la pression d'Œnone, qui, comme toute confidente, représente l'esprit anti-tragique. On retrouve d'ailleurs sur un autre plan la même ambiguïté, la même impureté esthétique : *Phèdre* est une tragédie du secret, mais c'est aussi une pièce d'amour. Cet affaissement de la tragédie était inévitable à partir du moment où Racine faisait d'Hippolyte un amoureux, contrairement à la fable antique.

Il est donc très difficile de jouer Phèdre, parce que c'est un personnage, non psychologiquement, mais esthétiquement divisé. Maria Casarès a joué à fond l'un des éléments, l'élément psychologique, et c'est, je crois, en cela qu'elle s'est trompée ; son interprétation est essentiellement rationaliste, en ceci qu'elle joue la passion comme une maladie, non comme un destin ; il n'y a évidemment plus dans son rôle aucune communication avec les dieux. Mais en même temps – et c'est là ce qui est apparu à notre grande critique comme un manquement regrettable –, cet amour-maladie n'a aucune substance, la passion n'y étant plus donnée que comme la propre conscience de son étrangeté : jamais on ne voit le rapport qui unit Phèdre à Hippolyte ; on voit Phèdre amoureuse, mais non amoureuse d'Hippolyte, parce que la Phèdre de Maria Casarès ne fait jamais que se penser. En un mot, le paradoxe malheureux de cette interprétation est de faire de Phèdre ce que l'on pourrait appeler une *conscience hystérique,* ce qui devait déplaire à tout le monde et n'a pas manqué : car l'hystérie devait éloigner les partisans d'une distance tragique (et non pathologique) entre Phèdre et sa passion, Maria Casarès jouant Phèdre comme si elle était personnellement concernée ; et son caractère réflexif devait profondément décevoir les amateurs d'une passion substantielle et immédiate.

Comme anarchie totale, la mise en scène de Vilar a beaucoup défavorisé Maria Casarès, car s'il est un rôle que le metteur en scène doit prendre en main, c'est bien celui de Phèdre, en raison de la division esthétique dont j'ai parlé tout à l'heure. Le rôle de Thésée au contraire ne comporte aucun obstacle naturel, et il est pour ainsi dire dans le statut du rôle de tirer tout bénéfice d'une mise en scène invisible. Thésée est en effet *celui qui paraît,* son essence est l'apparaître, puisque son apparition suffit à modifier les rapports humains. La simplicité est constitutive du rôle de Thésée, comme la division l'est du rôle de Phèdre. Il n'empêche que le succès de Cuny tient à un pouvoir personnel : il a réussi l'épreuve décisive du théâtre racinien, qui est la « diction ». Cette réussite vient de deux démystifications : Cuny ne morcelle pas le sens, il ne chante pas l'alexandrin ; sa diction est définie par un *être-là* pur et simple de la parole.

Dans la tragédie classique, le discours se définit par une très grande disproportion entre le signifié et les signifiants. Une tirade, par exemple, n'existe sémantiquement que par trois ou quatre articulations capitales, comme si le langage tragique avait surtout à manifester des changements d'attitudes plus que ces attitudes elles-mêmes. Cuny semble avoir compris que le discours tragique procédait par avancées de grands plans immobiles, de paliers[1] ; il ne « sort » pas les mots, les inflexions, les

---

1. L'explication de texte, telle qu'elle est pratiquée dans notre enseignement, consiste précisément à définir ces paliers, c'est-à-dire à extraire d'un grand nombre de signifiants le signifié unique qui y est caché.

accents ; il n'intervient dans son propre discours que pour manifester clairement ses plus grands changements. En bref, sa diction est *massive* (c'est-à-dire qu'elle procède par masses).

Cette massivité produit, sur le fond, deux résultats : d'abord le
discours racinien devient enfin pleinement intelligible, les obs-
curités de la langue, les contorsions syntaxiques imposées par la
métrique disparaissent sous la proportion massive des intentions. Et puis, surtout, la psychologie est distancée : Thésée n'est
pas le mari cocu d'une femme adultère (termes qui menacent
sans cesse toute interprétation du théâtre racinien) ; il est essentiellement une fonction tragique, celui pour qui le secret existe,
par qui il est dévoilé, le centre fixe (même et surtout absent)
d'un tropisme général de culpabilité. Le Thésée de Cuny est
vraiment en rapport avec les dieux, c'est vraiment un être chtonien, qui a connu les morts, sorte de bête énorme et pensive qui
tourne vers la « psychologie » de sa famille (ces passions, ces
mensonges, ces remords et ces cris) un regard revenu d'outre-
terre. Et du même coup, la tragédie est enfin fondée. Car les
dieux sont la détermination même du tragique : pour jouer tragique, il faut et il suffit de faire comme si les dieux existaient,
comme si on les avait vus, comme s'ils avaient parlé : mais alors
quelle distance de soi-même à ce que l'on dit !

De tous ces problèmes, de toutes ces difficultés, de toutes ces
impossibilités même, Vilar s'est visiblement lavé les mains. On
dirait qu'il a joué la politique du pire : *Racine, ce n'est pas du
théâtre, et je le prouve.* Mais en *laissant faire,* Vilar ne pouvait
ignorer que la *Phèdre* qui s'élaborerait sans lui ne serait nullement une *Phèdre* négative, la preuve d'une impossibilité, mais
au contraire une *Phèdre* lourde de tous les préjugés passés. La
punition de Vilar, ce ne sont pas les réticences d'une critique qui
a dû le confirmer dans son refus de Racine, depuis longtemps
professé, c'est la passivité de son public, qui applaudit une mise
en scène sans signature. Ponce-Pilate n'est pas un monsieur qui
ne dit ni oui ni non, c'est un monsieur qui dit oui ; en se lavant
les mains, Vilar a dit oui à tout le mythe Racine : dans cette mise
en scène irresponsable, nous en avons reconnu les bons vieux
attributs allégoriques : les rideaux sombres, le siège passe-

partout, les voiles, les plissés, les cothurnes d'une Antiquité revue comme toujours par la haute couture parisienne ; les fausses postures, les bras levés, les regards farouches de la Tragédie. Car il existe un vieux fonds folklorique racinien, comme il existe un comique troupier ; et c'est là que chaque acteur, s'il est laissé à lui-même, va tout naturellement puiser : la mise en scène de Vilar n'est rien d'autre que cette permission.

Cependant, le mythe Racine, c'est là l'ennemi. L'histoire n'en a pas encore été faite ; on sait seulement qu'il date de Voltaire ; on peut supposer que c'est un mythe historiquement bourgeois, et l'on voit bien aujourd'hui quelle critique et quel public continuent à lui apporter leur caution. Racine est certes un auteur très impur, baroque pourrait-on dire, où des éléments de tragédie véritable se mêlent sans aucune harmonie aux germes déjà très vivaces du futur théâtre bourgeois ; son œuvre est âprement divisée, esthétiquement irréconciliée ; loin d'être le sommet rayonnant d'un art, elle est le type même d'une œuvre-passage, où mort et naissance luttent entre elles. Naturellement, le mythe Racine est essentiellement une opération de sécurité : il s'agit d'apprivoiser Racine, de lui ôter sa part tragique, de l'identifier à nous, de nous retrouver avec lui dans le salon noble de l'art classique, mais *en famille,* il s'agit de donner aux thèmes du théâtre bourgeois un statut éternel, de faire passer au crédit du théâtre psychologique la grandeur du théâtre tragique, qui était à l'origine, il ne faut pas l'oublier, pur théâtre civique : l'éternité remplace ici la Cité.

Je ne sais s'il est possible de jouer Racine aujourd'hui. Peut-être, sur scène, ce théâtre est-il aux trois quarts mort. Mais si l'on essaye, il faut le faire sérieusement, il faut aller jusqu'au bout. La première ascèse ne peut être que de balayer le mythe Racine, son cortège allégorique (Simplicité, Poésie, Musique, Passion, etc.) ; la seconde, c'est de renoncer à nous chercher nous-mêmes dans ce théâtre : ce qui s'y trouve de nous n'est la meilleure partie, ni de Racine, ni de nous. Comme pour le théâtre antique, ce théâtre nous concerne bien plus et bien mieux par son étrangeté que par sa familiarité : son rapport à nous, c'est sa distance. Si nous voulons garder Racine, éloignons-le.

III. Histoire ou littérature ?

Il y a eu autrefois à la Radiodiffusion française une émission naïve et touchante : touchante, parce qu'elle voulait suggérer au grand public qu'il n'y a pas seulement une histoire de la musique, mais qu'il y a aussi des rapports entre l'histoire et la musique ; naïve parce que ces rapports semblaient s'épuiser dans une simple date. On nous disait : « 1789 : *Convocation des États généraux, rappel de Necker, concerto n° IV, en ut mineur, pour cordes, de B. Galuppi* », sans que l'on sût si l'auteur de l'émission voulait nous persuader qu'il existe un rapport analogique entre le rappel de Necker et le concerto de Galuppi, ou bien nous suggérer que l'un et l'autre font partie d'un même ensemble causal, ou au contraire nous alerter sur une coexistence piquante, comme s'il fallait nous faire mesurer toute la dissemblance d'un concerto et d'une révolution ; à moins encore qu'il ne s'agît de nous manifester perfidement, sous couleur d'histoire, le désordre des productions esthétiques, la vanité de l'histoire totale, en laissant parler de lui-même le ridicule d'une méthode qui rapproche la défaite navale de la Hougue et les sonates de Corelli, l'élection du Président Doumer et les *Cris du monde* de Honegger.

Laissons cette émission ; dans sa naïveté, elle ne fait que poser au grand public de la Radio ce vieux problème des rapports de l'histoire et de l'œuvre d'art, que l'on débat activement, avec des fortunes et des raffinements divers, depuis qu'il y a une philosophie du temps, c'est-à-dire depuis le siècle dernier. Voici deux continents : d'une part le monde, son foisonnement de faits, politiques, sociaux, économiques, idéologiques ; d'autre part l'œuvre, d'apparence solitaire, toujours ambiguë puisqu'elle se prête *à la fois* à plusieurs significations. Le rêve serait évidemment que ces deux continents eussent des formes complémentaires, que, distants sur la carte, on pût cependant, par une translation idéale, les rapprocher, les emboîter l'un dans l'autre, un peu comme Wegener a recollé l'Afrique et l'Amérique. Malheureusement, ce n'est qu'un rêve : les formes résistent, ou, ce qui est pire, elles ne changent pas au même rythme.

À vrai dire, jusqu'à présent, ce problème ne s'est donné comme résolu qu'à la lumière des philosophies constituées, celles de Hegel, de Taine, de Marx. Hors des systèmes, mille rapprochements, d'un savoir, d'une ingéniosité admirables, mais, semble-t-il, par une dernière pudeur, toujours fragmentaires, car l'historien de la littérature coupe court dès qu'il approche de l'histoire véritable : d'un continent à l'autre, on échange quelques signaux, on souligne quelques connivences. Mais, pour l'essentiel, l'étude de chacun de ces deux continents se développe d'une façon autonome : les deux géographies communiquent mal.

Voici une histoire de la littérature (n'importe laquelle : on n'établit pas un palmarès, on réfléchit sur un statut) ; elle n'a d'histoire que le nom : c'est une suite de monographies, dont chacune, à peu de choses près, enclôt un auteur et l'étudie pour lui-même ; l'histoire n'est ici que succession d'hommes seuls ; bref ce n'est pas une histoire, c'est une chronique ; certes, l'effort de généralité existe (et de plus en plus), portant sur des genres ou des écoles ; mais il est toujours cantonné à la littérature elle-même ; c'est un coup de chapeau donné en passant à la transcendance historique, un hors-d'œuvre au plat principal : l'auteur. Toute histoire littéraire nous renvoie ainsi à une séquence de critiques closes : aucune différence entre l'histoire et la critique ; on peut, sans secousse méthodique, passer du *Racine* de Thierry Maulnier au chapitre d'A. Adam sur Racine, dans son *Histoire de la littérature française au XVIIᵉ siècle* : c'est le langage qui change, non le point de vue ; dans l'un et l'autre cas, tout part de Racine et rayonne diversement, ici vers une poétique, là vers une psychologie tragique : en mettant les choses au mieux, l'histoire littéraire n'est jamais que l'histoire des œuvres.

Peut-il en être autrement ? Dans une certaine mesure, oui : une histoire littéraire est possible, en dehors des œuvres mêmes (j'y arrive à l'instant). Mais, de toutes manières, la résistance générale des historiens de la littérature à passer précisément de la littérature à l'histoire nous renseigne sur ceci : qu'il y a un statut particulier de la création littéraire ; que non seulement on ne peut traiter la littérature comme n'importe quel autre produit historique (ce que personne ne pense raisonnablement), mais encore que cette spécialité de l'œuvre contredit dans une certaine mesure à l'histoire, bref que l'œuvre est essentiellement paradoxale, qu'elle est à la fois signe d'une histoire, et résistance à cette histoire. C'est ce paradoxe fondamental qui se fait jour, plus ou moins lucidement, dans nos histoires de la littérature ; tout le monde sent bien que l'œuvre échappe, qu'elle est *autre chose* que son histoire même, la somme de ses sources, de ses influences ou de ses modèles : un noyau dur, irréductible, dans la masse indécise des événements, des conditions, des mentalités collectives ; voilà pourquoi nous ne disposons jamais d'une histoire de la littérature, mais seulement d'une histoire des littérateurs. En somme, dans la littérature, deux postulations : l'une historique, dans la mesure où la littérature est institution ; l'autre psychologique, dans la mesure où elle est création. Il faut donc, pour l'étudier, deux disciplines différentes et d'objet et de méthode ; dans le premier cas, l'objet, c'est l'institution littéraire, la méthode, c'est la méthode historique dans ses plus récents développements ; dans le second cas, l'objet, c'est la création littéraire, la méthode, c'est l'investigation psychologique. Il faut le dire tout de suite, ces deux disciplines n'ont pas du tout les mêmes critères d'objectivité ; et tout le malheur de nos histoires littéraires c'est de les avoir confondues, encombrant sans cesse la création littéraire de menus faits venus de l'histoire, et mêlant au scrupule historique le plus sourcilleux, des postulats psychologiques par définition contestables [1]. Devant ces deux tâches, on ne demandera ici rien de plus qu'un peu d'ordre.

---

1. Marc Bloch disait déjà à propos de certains historiens : « S'agit-il de s'assurer si un acte humain a vraiment eu lieu ? Ils ne sauraient porter dans cette recherche assez de scrupules. Passent-ils aux raisons de cet acte ? La moindre

N'exigeons pas de l'histoire plus qu'elle ne peut nous donner : l'histoire ne nous dira jamais ce qui se passe dans un auteur au moment où il écrit. Il serait plus efficace d'inverser le problème et de nous demander ce qu'une œuvre nous livre de son temps. Prenons donc résolument l'œuvre pour un document, la trace particulière d'une activité, dont seul le versant collectif, pour le moment, nous intéressera ; voyons en un mot ce que pourrait être une histoire, non de la littérature, mais de la fonction littéraire. Pour cet examen, nous disposons d'un guide commode, quoique visiblement hâtif : quelques remarques de Lucien Febvre, rapportées par Claude Pichois, dans une contribution au problème qui nous intéresse [1]. Il suffira de confronter les points de ce programme historique avec quelques travaux récents de la critique racinienne, l'une des plus vivantes qui soient (on a dit qu'en matière de littérature, histoire et critique étaient encore confondues), pour cerner des lacunes générales, définir des tâches.

Le premier vœu de Lucien Febvre est une étude du milieu. En dépit de sa vogue critique, l'expression paraît incertaine. S'il s'agit du groupe humain très restreint qui entoure l'écrivain et dont chaque membre est à peu près connu (ses parents, ses amis, ses ennemis), le milieu de Racine a été souvent décrit, du moins dans ses aspects circonstanciels ; car les études de milieux n'ont été souvent que des recensions de biographies mineures, l'histoire anecdotique de certaines fréquentations ou mieux encore de certaines « brouilles ». Mais si l'on conçoit le milieu d'un écrivain d'une manière plus organique, plus anonyme, comme le lieu des usages de pensée, des tabous implicites, des valeurs « naturelles », des intérêts matériels d'un groupe d'hommes associés réellement par des fonctions identiques ou complémen-

_____

apparence les satisfait : fondée à l'ordinaire sur un de ces apophtegmes de banale psychologie, qui ne sont ni plus ni moins vrais que leurs contraires » (*Métier d'historien*, p. 102).

1. Cl. Pichois, « Les cabinets de lecture à Paris durant la première moitié du XIXe siècle », *Annales,* juil.-sept. 1959, p. 521-534.

taires, bref comme une portion de classe sociale, les études se
font bien plus rares. Pour l'essentiel de sa carrière, Racine a par-
ticipé à trois milieux (dont souvent deux à la fois) : Port-Royal,
la Cour, le Théâtre ; sur les deux premiers, ou plus exactement
sur leur intersection (et c'est cela qui compte pour Racine), nous
avons l'étude de Jean Pommier sur le milieu janséniste et mon-
dain de la comtesse de Gramont ; on connaît d'autre part l'analyse, à la fois sociale et idéologique, que Lucien Goldmann a
faite de l'aile « droitière » du jansénisme. Sur le milieu théâtral,
à ma connaissance, peu d'informations, sinon anecdotiques,
nulle synthèse ; ici plus que jamais, le fait biographique éclipse
le fait historique : Racine a-t-il eu une fille de la Du Parc ? Ce
problème dispense d'entrer dans les usages du milieu comédien,
à plus forte raison d'en chercher les significations historiques.
De ce bilan numériquement modeste, saisissons tout de suite le
vice : l'extrême difficulté d'atteindre la généralité d'un milieu à
travers une œuvre ou une vie ; dès que l'on demande au groupe
étudié une certaine consistance, l'individu recule ; à la limite, il
est à peine nécessaire, à moins même qu'il ne gêne. Dans son
Rabelais, L. Febvre a vraiment visé un milieu ; Rabelais y est-il
central ? nullement ; c'est plutôt un point de départ polémique (la
polémique étant le démon socratique de L. Febvre), le prétexte
passionnel à redresser une interprétation trop moderne de
l'athéisme au XVIe siècle ; bref un cristallisateur. Mais que l'on
accorde trop à l'auteur, que le génie soit observé avec trop de
complaisance, et c'est tout le milieu qui s'éparpille, en anec-
dotes, en « promenades » littéraires [1].

Sur le public de Racine (second point du programme de
L. Febvre), beaucoup de remarques incidentes, des chiffres précieux, cela s'entend (notamment dans Picard), mais nulle synthèse récente, le fond de la question reste mystérieux. Qui allait
au spectacle ? A lire la critique racinienne, Corneille (tapi dans
une loge) et Mme de Sévigné. Mais qui encore ? La cour, la ville,
qu'était-ce exactement ? Et plus encore que la configuration

---

1. Si discuté que soit son *Port-Royal,* Sainte-Beuve a eu l'étonnant mérite d'y
décrire un milieu véritable, où nulle figure n'est privilégiée.

sociale de ce public, c'est la fonction même du théâtre à ses yeux qui nous intéresserait : distraction ? rêve ? identification ? distance ? snobisme ? Quel était le dosage de tous ces éléments ? Une simple comparaison avec des publics plus récents soulève les véritables problèmes historiques. On nous dit en passant que *Bérénice* obtint un vif succès de larmes. Mais qui pleure encore au théâtre ? On souhaiterait que les larmes de *Bérénice* renseignent autant sur ceux-là mêmes qui les versaient, que sur celui qui les faisait verser, qu'on nous donnât une histoire des larmes, qu'on nous décrivît à partir de là et gagnant de proche en proche d'autres traits, toute une affectivité d'époque (rituelle ou réellement physiologique ?), exactement à la façon dont Granet a reconstitué les manifestations du deuil dans la Chine classique. Sujet mille fois signalé, mais jamais encore exploité, s'agissant pourtant du siècle vedette de notre littérature.

Autre objet historique (indiqué par L. Febvre) : la formation intellectuelle de ce public (et de ses auteurs). Or les indications qu'on nous donne sur l'éducation classique sont éparses, elles ne permettent pas de reconstituer le système mental que suppose toute pédagogie. On nous dit, toujours en passant, que l'éducation janséniste était révolutionnaire, qu'on y enseignait le grec, que la classe s'y faisait en français, etc. Ne peut-on aller plus avant, soit dans le détail (par exemple, le « vécu » d'une classe), soit dans la profondeur du système, ses contacts avec l'éducation courante (car le public de Racine n'était pas tout janséniste) ? Bref ne peut-on tenter une histoire, même partielle, de l'enseignement français ? En tout cas, la lacune est particulièrement sensible au niveau de ces histoires littéraires, dont le rôle serait précisément de nous fournir des informations sur tout ce qui, dans l'auteur, n'est pas l'auteur lui-même. A la vérité, la critique des sources apparaît d'un intérêt dérisoire à côté de l'étude du véritable milieu formateur, celui de l'adolescent.

Peut-être une bibliographie exhaustive nous fournirait-elle sur tous ces points l'essentiel de ce que nous demandons. Je dis seulement que le temps de la synthèse est venu, mais que cette synthèse ne pourra jamais s'accomplir dans les cadres actuels de l'histoire littéraire. Derrière ces lacunes, en effet, il y a un vice qui, pour n'être que de point de vue, et non d'information, n'en est pas moins fondamental : le privilège « centralisateur » accordé à l'auteur. Partout, c'est Racine qui fait comparaître l'histoire devant lui, autour de lui, ce n'est pas l'histoire qui cite Racine. Les causes, du moins matérielles, en sont claires : les travaux raciniens sont, pour l'essentiel, des travaux universitaires ; ils ne peuvent donc transgresser, sinon en usant de subterfuges limités, les cadres mêmes de l'enseignement supérieur : d'un côté la philosophie, d'un autre, l'histoire, plus loin la littérature ; entre ces disciplines, des échanges, de plus en plus nombreux, de mieux en mieux reconnus ; mais l'objet même de la recherche reste prédéterminé par un cadre désuet, de plus en plus contraire à l'idée que les nouvelles sciences humaines se font de l'homme [1]. Les conséquences sont lourdes : en accommodant sur l'auteur, en faisant du « génie » littéraire le foyer même de l'observation, on relègue au rang de zones nébuleuses, lointaines, les objets proprement historiques ; on ne les touche que par hasard, en passant ; dans le meilleur des cas, on les signale, laissant à d'autres le soin de les traiter, un jour ; l'essentiel de l'histoire littéraire tombe ainsi en déshérence, abandonné à la fois par l'historien et le critique. On dirait que dans notre histoire littéraire, l'homme, l'auteur, tient la place de l'événement dans l'histoire historisante : capital à connaître sur un autre plan, il bouche pourtant toute la perspective ; vrai en soi, il induit à une vision fausse.

Sans parler encore des sujets inconnus, vastes terres qui attendent leurs colons, voyez un sujet déjà excellemment défriché par Picard : la condition de l'homme de lettres dans la seconde moitié du XVIIe siècle. Partant de Racine, obligé de s'y tenir, Picard n'a pu apporter ici qu'une contribution ; l'histoire est encore

---

1. Il est bien évident que les cadres de l'enseignement suivent l'idéologie de leur temps, mais avec des retards variables ; au temps où Michelet commençait son cours au Collège de France, le découpage, ou plutôt la confusion des disciplines (notamment philosophie et histoire) était tout proche de l'idéologie romantique. Et aujourd'hui ? Le cadre éclate, on le voit à certains signes : adjonction des Sciences humaines aux Lettres dans le nom de la nouvelle Faculté, enseignement de l'École des hautes études.

fatalement pour lui le matériau d'un portrait ; il a vu le sujet dans sa profondeur (sa préface est catégorique sur le point), mais ce n'est encore qu'une terre promise ; obligé par la primauté de l'auteur de donner autant de soin à l'affaire des Sonnets qu'aux revenus de Racine, Picard contraint son lecteur à chercher ici et là cette information sociale dont il a bien vu l'intérêt ; encore ne nous renseigne-t-il que sur la condition de Racine. Mais est-elle vraiment exemplaire ? Et les autres, y compris et surtout, les écrivains mineurs ? Picard a beau repousser sans cesse l'interprétation psychologique (Racine était-il « arriviste » ?), sans cesse la personne de Racine revient et l'embarrasse.

Restent, autour de Racine, bien d'autres attitudes à explorer, celles-là mêmes qui formaient le dernier point du programme de L. Febvre : ce qu'on pourrait appeler les faits de mentalité collective. Des raciniens avertis les ont eux-mêmes signalés au passage, en souhaitant qu'un jour, bien au-delà de Racine, on les explore. C'est Jean Pommier réclamant une histoire du mythe racinien, dont on peut sans peine imaginer quel éclairage précieux elle apporterait à la psychologie, disons pour simplifier : bourgeoise, de Voltaire à Robert Kemp. Ce sont A. Adam, R. Jasinski et J. Orcibal appelant l'attention sur le goût, l'usage pour ainsi dire institutionnel de l'allégorie au xviie siècle : fait typique de mentalité collective, à mon sens autrement important que la vraisemblance des clefs elles-mêmes. C'est encore Jean Pommier demandant une histoire de l'imagination au xviie siècle (et notamment du thème de la métamorphose).

On voit que les tâches de cette histoire littéraire, dont on évalue ici les obligations, ne font pas défaut. J'en vois d'autres, suggérées par une simple expérience de lecteur. Celle-ci, par exemple : nous ne disposons d'aucun travail moderne sur la rhétorique classique ; on relègue d'ordinaire les figures de pensée dans un musée du formalisme pédant, comme si elles n'avaient eu d'existence que dans quelques traités de Pères Jésuites[1] ; Racine pourtant en est plein, lui qui est réputé le plus « naturel »

---

1. Voir par exemple celui du Père Lamy, *La Rhétorique ou l'Art de parler* (1675).

de nos poètes. Or c'est tout un découpage du monde que le langage impose, à travers ces figures de rhétorique. Cela relève-t-il du style ? de la langue ? Ni de l'un ni de l'autre ; il s'agit en vérité d'une institution véritable, d'une *forme* du monde, aussi importante que la représentation historique de l'espace chez les peintres : malheureusement, la littérature attend encore son Francastel.

Cette question aussi, que je ne vois nulle part poser (même pas dans le programme de Febvre), sinon chez des philosophes, ce qui est sans doute suffisant pour la discréditer aux yeux de l'historien littéraire : *qu'est-ce que la littérature ?* On ne demande rien d'autre qu'une réponse historique : qu'était la littérature (le mot est d'ailleurs anachronique) pour Racine et ses contemporains, quelle fonction exacte lui confiait-on, quelle place dans l'ordre des valeurs, etc.? A vrai dire, on voit mal qu'on puisse engager une histoire de la littérature sans que l'on s'interroge d'abord sur son être même. Bien plus, que peut être, littéralement, une histoire de la littérature, sinon l'histoire de l'idée même de littérature ? Or cette sorte d'*ontologie* historique, portant sur l'une des valeurs les moins naturelles qui soient, on ne la trouve nulle part. Et cette lacune, on ne la sent pas toujours innocente : si l'on s'interroge minutieusement sur les accidents de la littérature, c'est que son essence ne fait pas de doute ; écrire apparaît en somme aussi naturel que manger, dormir ou se reproduire, cela ne mérite pas l'histoire. D'où chez tant d'historiens littéraires, telle phrase innocente, telle inflexion de jugement, tel silence, destinés à nous témoigner de ce postulat : que nous devons déchiffrer Racine, non certes en fonction de nos propres problèmes, mais du moins sous le regard d'une littérature éternelle, dont on peut, dont on doit discuter les modes d'apparition, mais non l'être même.

Or l'être de la littérature replacé dans l'histoire n'est plus un être. Désacralisée, mais à mon sens d'autant plus riche, la littérature redevient l'une de ces grandes activités humaines, de forme et de fonction relatives, dont Febvre n'a cessé de réclamer l'histoire. C'est donc au niveau des *fonctions* littéraires (production, communication, consommation) que l'histoire peut seulement se placer, et non au niveau des individus qui les ont exercées. Autrement dit, l'histoire littéraire n'est possible que si elle se fait sociologique, si elle s'intéresse aux activités et aux institutions, non aux individus [1]. On voit à quelle histoire nous mène le programme de Febvre : à l'opposé même des histoires littéraires que nous connaissons ; les matériaux s'y retrouveraient, en partie du moins ; mais l'organisation et le sens seraient contraires : les écrivains n'y seraient considérés que comme les participants d'une activité institutionnelle qui les dépasse individuellement, exactement comme dans les sociétés dites primitives, le sorcier participe à la fonction magique ; cette fonction, n'étant fixée dans aucune loi écrite, ne peut être saisie qu'à travers les individus qui l'exercent ; c'est pourtant la fonction seule qui est objet de science. Il s'agit donc d'obtenir de l'histoire littéraire, telle que nous la connaissons, une conversion radicale, analogue à celle qui a pu faire passer des chroniques royales à l'histoire proprement dite. Compléter nos chroniques littéraires par quelques ingrédients historiques nouveaux, ici une source inédite, là une biographie renouvelée, ne servirait à rien : c'est le cadre qui doit éclater, et l'objet se convertir. Amputer la littérature de l'individu ! On voit l'arrachement, le paradoxe même. Mais une histoire de la littérature n'est possible qu'à ce prix ; quitte à préciser que ramenée nécessairement dans ses limites institutionnelles, l'histoire de la littérature sera de l'histoire tout court [2].

Quittons maintenant l'histoire de la fonction pour aborder celle de la création, qui est l'objet constant des histoires littéraires dont nous disposons. Racine a cessé d'écrire des tragédies après *Phèdre*. C'est un fait ; mais ce fait renvoie-t-il à d'autres faits d'histoire ? Peut-on *l'étendre* ? Très peu, son développe-

---

1. Voir à ce sujet I. Meyerson, *Les Fonctions psychologiques et les Œuvres*, Paris, Vrin, 1948, 223 p.
2. Goldmann a bien vu le problème : il a tenté de soumettre Pascal et Racine à une vision unique, et le concept de vision du monde est chez lui expressément sociologique.

ment est surtout de profondeur ; pour lui donner un sens, quel qu'il soit (et on en a imaginé de très divers), il faut postuler un fond de Racine, un être de Racine, cet être fût-il dans le monde, bref il faut toucher à une matière *sans preuve*, qui est la subjectivité. Il est possible de saisir objectivement dans Racine le fonctionnement de l'institution littéraire ; il est impossible de prétendre à la même objectivité lorsqu'on veut surprendre en lui le fonctionnement de la création. C'est une autre logique, ce sont d'autres exigences, une autre responsabilité ; il s'agit d'interpréter le rapport d'une œuvre et d'un individu : comment le faire sans se référer à une psychologie ? Et comment cette psychologie pourrait-elle être autre chose que *choisie* par le critique ? Bref, toute critique de la création littéraire, si objective, si partielle qu'elle se prétende, ne peut être que systématique. Il n'y a pas à s'en plaindre, mais seulement à demander la franchise du système.

Il est à peu près impossible de toucher à la création littéraire sans postuler l'existence d'un rapport entre l'œuvre et autre chose que l'œuvre. Pendant longtemps on a cru que ce rapport était causal, que l'œuvre était un *produit* : d'où les notions critiques de *source,* de *genèse*, de *reflet*, etc. Cette représentation du rapport créateur apparaît de moins en moins soutenable : ou bien l'explication ne touche qu'une partie infime de l'œuvre, elle est dérisoire ; ou bien elle propose un rapport massif, dont la grossièreté soulève mille objections (Plekhanov, l'aristocratie et le menuet). L'idée de produit a donc fait place peu à peu à l'idée de signe : l'œuvre serait le signe d'un au-delà d'elle-même ; la critique consiste alors à déchiffrer la signification, à en découvrir les termes, et principalement le terme caché, le signifié. C'est actuellement L. Goldmann qui a donné la théorie la plus poussée de ce qu'on pourrait appeler la critique de signification, du moins lorsqu'elle s'applique à un signifié historique ; car si l'on s'en tient au signifié psychique, la critique psychanalytique et la critique sartrienne étaient déjà des critiques de signification. Il s'agit donc d'un mouvement général qui consiste à ouvrir l'œuvre, non comme l'effet d'une cause, mais comme le signifiant d'un signifié.

Bien que la critique érudite (dirai-je pour simplifier : universitaire ?) reste encore pour l'essentiel fidèle à l'idée (organique,
et non structurale) de *genèse*, il se trouve précisément que l'exé-
gèse racinienne tend à déchiffrer Racine comme un système de
significations. Par quel biais ? Celui de l'allégorie (ou de la clef,
ou de l'allusion, selon les auteurs). On sait que Racine suscite
aujourd'hui toute une reconstitution de « clefs », historiques
(Orcibal) ou biographiques (Jasinski) : Andromaque était-elle la
Du Parc ? Oreste est-il Racine ? Monime était-elle la
Champmeslé ? Les jeunes Juives d'*Esther* figuraient-elles les
Filles de l'Enfance de Toulouse ? Athalie est-elle Guillaume
d'Orange ? etc. Or, quelque rigueur ou quelque flou qu'on lui
donne, l'allégorie est essentiellement une signification, elle rapproche un signifiant et un signifié. On ne revient pas sur la question de savoir s'il ne serait pas plus intéressant d'étudier le langage allégorique comme un fait d'époque, que d'examiner la
probabilité de telle ou telle clef. On retient seulement ceci :
l'œuvre est considérée comme le *langage* de quelque chose, ici
tel fait politique, là Racine lui-même.

L'ennui, c'est que le déchiffrement d'un langage inconnu,
pour lequel il n'existe pas de document témoin analogue à la
pierre de Rosette, est à la lettre improbable, sauf à recourir à des
postulats psychologiques. Quelque effort de rigueur ou de prudence que s'impose la critique de signification, le caractère systématique de la lecture se retrouve à tous les niveaux. D'abord
au niveau même du signifiant. Qu'est-ce au juste qui signifie ?
un mot ? un vers ? un personnage ? une situation ? une tragédie ?
le corps entier de l'œuvre [1] ? Qui peut décréter le signifiant, hors
d'une voie proprement inductive, c'est-à-dire sans poser

---

1. Charles Ier ayant confié ses enfants à Henriette d'Angleterre par ces mots :
« *Je ne puis vous laisser de gages plus chers* », et Hector confiant le sien à
Andromaque par ce vers :
                    « *Je te laisse mon fils pour gage de ma foi* »,
R. Jasinski voit là un rapport significatif, il conclut à une source, à un modèle.
Pour apprécier la probabilité d'une telle signification, qui peut très bien n'être
qu'une coïncidence, il faut se reporter à la discussion de Marc Bloch dans *Métier
d'historien* (p. 60 s.).

d'abord le signifié, avant le signifiant ? Et ceci, qui est plus systématique encore : que faire des parties de l'œuvre dont on ne dit pas qu'elles signifient ? L'analogie est un gros filet : les trois quarts du discours racinien passent au travers. Dès lors que l'on entreprend une critique des significations, comment s'arrêter en chemin ? Faut-il renvoyer tout l'insignifiant à une alchimie mystérieuse de la création, dépensant sur un vers des trésors de rigueur scientifique, puis, pour le reste, s'abandonnant paresseusement à une conception proprement magique de l'œuvre d'art ? Et quelles *preuves* donner d'une signification ? Le nombre et la convergence des indices factuels (Orcibal) ? On atteint ici, même pas le probable, seulement le plausible. La « réussite » d'une expression (Jasinski) ? C'est un postulat caractérisé que d'inférer de la qualité d'un vers au « vécu » du sentiment qu'il exprime. La cohérence du système signifiant (Goldmann) ? C'est, à mon sens, la seule *preuve* acceptable, tout langage étant un système fortement coordonné ; mais alors, pour que la cohérence soit manifeste, il faut l'étendre à *toute* l'œuvre, c'est-à-dire accepter l'aventure d'une critique totale. Ainsi, de toutes parts, les intentions objectives de la critique de signification sont déjouées par le statut essentiellement *arbitraire* de tout système linguistique.

Même arbitraire au niveau des signifiés. Si l'œuvre signifie le monde, à quel niveau du monde arrêter la signification ? A l'actualité (Restauration anglaise pour *Athalie*) ? A la crise politique (crise turque de 1671 pour *Mithridate*) ? Au « courant d'opinion » ? A la « vision du monde » (Goldmann) ? Et si l'œuvre signifie l'auteur, la même incertitude recommence : à quel niveau de la personne fixer le signifié ? à la circonstance biographique ? au niveau passionnel ? à une psychologie d'âge ? à une *psyché* de type archaïque (Mauron) ? C'est chaque fois décider d'un palier, moins en fonction de l'œuvre que de l'idée préconçue qu'on se fait de la psychologie ou du monde.

La critique d'auteur est en somme une sémiologie qui n'ose pas dire son nom. Si elle l'osait, elle connaîtrait au moins ses limites, afficherait ses choix ; elle saurait qu'elle doit toujours compter avec deux arbitraires, et donc les assumer. D'une part, pour un signifiant, il y a toujours plusieurs signifiés possibles : les signes sont éternellement ambigus, le déchiffrement est toujours un choix. Dans *Esther,* les Israélites opprimés sont-ils les protestants, les jansénistes, les Filles de l'Enfance, ou l'humanité privée de rédemption ? *La Terre qui boit le sang d'Érechtée,* est-ce là couleur mythologique, trait précieux ou fragment d'un fantasme proprement racinien ? L'absence de Mithridate est-elle exil de tel roi temporel ou silence menaçant du Père ? Pour un signe, combien de signifiés ! On ne dit pas qu'il est vain de soupeser la vraisemblance de chacun d'eux ; on dit qu'on ne peut finalement choisir qu'en prenant partie sur le système mental dans son entier. Si vous décidez que Mithridate est le Père, vous faites de la psychanalyse ; mais si vous décidez qu'il est Corneille, vous vous référez à un postulat psychologique tout aussi arbitraire, pour banal qu'il soit. D'autre part, la décision d'arrêter ici et non pas là le sens de l'œuvre est également engagée [1]. La plupart des critiques s'imaginent qu'un coup d'arrêt superficiel garantit une plus grande objectivité : en restant à la surface des faits, on les respecterait mieux, la timidité, la banalité de l'hypothèse serait un gage de sa validité. De là un recensement des faits très soigneux, souvent très fin, mais dont on coupe prudemment l'interprétation au moment même où elle deviendrait éclairante. On note par exemple chez Racine une obsession des yeux, mais on s'interdit de parler de fétichisme ; on signale des traits de cruauté, sans vouloir convenir qu'il s'agit de sadisme, sous prétexte que le mot n'existait pas au XVIIe siècle (c'est à peu près comme si l'on refusait de reconstituer le climat d'un pays à une époque passée sous prétexte que la dendroclimatologie n'existait pas alors) ; on note qu'alentour 1675, l'Opéra supplante la tragédie ; mais ce changement de mentalité est réduit au rang de *circonstance* : c'est l'une des causes possibles du silence de Racine après *Phèdre*. Or cette prudence est déjà une vue systématique, car les choses ne signifient pas plus

---

1. Sartre a montré que la critique psychologique (celle de P. Bourget par exemple) s'arrêtait trop tôt, là précisément où l'explication devrait commencer (*L'Être et le néant,* Gallimard, 1948, p. 643 s.).

ou moins, elles signifient ou ne signifient pas : dire qu'elles signifient superficiellement, c'est déjà prendre parti sur le monde. Et toutes significations étant reconnues présomptives, comment ne pas préférer celles qui se placent résolument au plus profond de la personne (Mauron) ou du monde (Goldmann), là où on a quelque chance d'atteindre une unité véritable ? Risquant un certain nombre de clefs, R. Jasinski suggère qu'*Agrippine* figure Port-Royal. Fort bien ; mais ne voit-on pas qu'une telle équivalence n'est risquée que dans la mesure où elle reste en chemin ? Plus on pousse l'hypothèse, mieux elle éclaire, plus elle devient vraisemblable ; car, on ne peut retrouver Port-Royal dans *Agrippine* qu'en inférant de l'un et de l'autre un archétype menaçant, installé au plus profond de la *psyché* racinienne : Agrippine n'est Port-Royal que si l'un et l'autre sont le Père, au sens pleinement psychanalytique du terme.

En fait, le coup d'arrêt imposé par le critique à la signification n'est jamais innocent. Il révèle la situation du critique, introduit fatalement à une critique des critiques. Toute lecture de Racine, si impersonnelle qu'elle s'oblige à être, est un test projectif. Certains déclarent leurs références : Mauron est psychanalyste, Goldmann est marxiste. Ce sont les autres que l'on voudrait interroger. Et puisqu'ils sont historiens de la création littéraire, comment se représentent-ils cette création ? Qu'est exactement une *œuvre* à leurs yeux ?

D'abord et essentiellement une alchimie ; il y a d'un côté les matériaux, historiques, biographiques, traditionnels (sources) ; et puis, d'un autre côté (car il est bien évident qu'il reste un abîme entre ces matériaux et l'œuvre), il y a un *je-ne-sais-quoi,* aux noms nobles et vagues : c'est l'*élan générateur,* le *mystère de l'âme,* la *synthèse,* bref la *Vie* ; de cette part-là, on ne s'occupe guère, sinon pour pudiquement la respecter ; mais en même temps on interdit qu'on y touche : ce serait abandonner la science pour le système. Ainsi l'on voit les mêmes esprits s'épuiser en rigueur scientifique sur un détail accessoire (combien de foudres lancées pour une date ou une virgule) et s'en remettre pour l'essentiel, sans combattre, à une conception purement magique de l'œuvre : ici toutes les méfiances du positivisme le plus exigeant, là le recours complaisant à l'éternelle tautologie des explications scolastiques ; de même que l'opium fait dormir par une vertu dormitive, de même Racine crée par une vertu créative : curieuse conception du mystère qui sans cesse s'ingénie à lui trouver des causes infimes ; et curieuse conception de la science, qui en fait la gardienne jalouse de l'inconnaissable. Le piquant, c'est que le mythe romantique de l'inspiration (car en somme, l'*élan générateur* de Racine, ce n'est rien d'autre que le nom profane de sa muse) s'allie ici à tout un appareil scientiste ; ainsi de deux idéologies contradictoires [1] naît un système bâtard, et peut-être un tourniquet commode, l'œuvre est rationnelle ou irrationnelle selon les besoins de la cause :

> Je suis oiseau ; voyez mes ailes…
> Je suis souris ; vivent les rats !

Je suis raison ; voyez mes preuves. Je suis mystère ; défense d'approcher.

L'idée de considérer l'œuvre comme une synthèse (mystérieuse) d'éléments (rationnels) n'est probablement ni fausse ni vraie ; c'est simplement une façon – fort systématique et parfaitement datée – de se représenter les choses. C'en est une autre, et non moins particulière, que d'identifier fatalement l'auteur, ses maîtresses et ses amis avec ses personnages. *Racine c'est Oreste à vingt-six ans, Racine, c'est Néron ; Andromaque, c'est la Du Parc ; Burrhus, c'est Vitart*, etc., combien de propositions de ce genre dans la critique racinienne, qui justifie l'intérêt excessif qu'elle porte aux fréquentations du poète en espérant les retrouver *transposées* (encore un mot magique) dans le personnel de la tragédie. *Rien ne se crée de rien ;* cette loi de la

---

1. H. Mannheim a bien montré le caractère idéologique du positivisme, ce qui, d'ailleurs, ne l'a nullement empêché d'être fécond (*Idologie et Utopie*, Rivière, 1956, p. 93 s.).

nature organique passe sans l'ombre d'un doute à la création littéraire : le personnage ne peut naître que d'une personne. Si encore on supposait à la figure génératrice une certaine indifférenciation, de façon à tenter de saisir la zone fantasmatique de la création ; mais ce sont au contraire des imitations aussi circonstancielles que possible que l'on nous propose, comme s'il était avéré que le *moi* ne retient que les modèles qu'il ne peut pas déformer ; du modèle à sa copie, on exige un terme commun naïvement superficiel : Andromaque reproduit la Du Parc parce qu'elles étaient toutes deux veuves, fidèles et pourvues d'un enfant ; Racine, c'est Oreste, parce qu'ils avaient le même genre de passion, etc. C'est là une vue absolument partiale de la psychologie. D'abord, un personnage peut naître de tout autre chose que d'une personne : d'une pulsion, d'un désir, d'une résistance, ou même plus simplement d'une sorte d'organisation endogène de la situation tragique. Et puis surtout, s'il y a modèle, le *sens* du rapport n'est pas forcément analogique : il y a des filiations inversées, antiphrastiques pourrait-on dire ; il n'y a pas beaucoup d'audace à imaginer que dans la création, les phénomènes de dénégation et de compensation sont aussi féconds que les phénomènes d'imitation.

On approche ici du postulat qui commande toute représentation traditionnelle de la littérature : l'œuvre est une imitation, elle a des modèles, et le rapport entre l'œuvre et les modèles ne peut être qu'analogique. *Phèdre* met en scène un désir incestueux ; en vertu du dogme d'analogie, on recherchera dans la vie de Racine une situation incestueuse (Racine et les filles de la Du Parc). Même Goldmann, si soucieux de multiplier les relais entre l'œuvre et son signifié, cède au postulat analogique : Pascal et Racine appartenant à un groupe social politiquement déçu, leur vision du monde *reproduira* cette déception, comme si l'écrivain n'avait d'autre pouvoir que de se copier littéralement lui-même[1]. Et pourtant, si l'œuvre était précisément ce que

---

1. Infiniment moins souple que Goldmann, un autre marxiste, George Thomson, a établi un rapport brutalement analogique entre le renversement des valeurs au Vᵉ siècle av. J.-C., dont il pense retrouver la trace dans la tragédie

l'auteur ne connaît pas, ce qu'il ne vit pas ? Il n'est pas nécessaire d'être psychanalyste pour concevoir qu'un acte (et surtout
un acte littéraire, qui n'attend aucune sanction de la réalité
immédiate) peut très bien être le signe inversé d'une intention ;
que par exemple, *sous certaines conditions* (dont l'examen
devrait être la tâche même de la critique), Titus fidèle peut en fin
de compte signifier Racine infidèle, qu'Oreste, c'est peut-être
précisément ce que Racine croit ne pas être, etc. Il faut aller plus
loin, se demander si l'effort principal de la critique ne doit pas
porter sur les processus de déformation plutôt que sur ceux
d'imitation ; à supposer que l'on *prouve* un modèle, l'intérêt,
c'est de montrer en quoi il se déforme, se nie ou même s'évanouit ; *l'imagination est déformatrice ; l'activité poétique
consiste à défaire des images* : cette proposition de Bachelard
fait encore figure d'hérésie, dans la mesure où la critique positi-
viste continue d'accorder un privilège exorbitant à l'étude des
origines [1]. Entre l'ouvrage estimable de Knight, qui recense tous
les emprunts de Racine à la Grèce, et celui de Mauron, qui
essaye de comprendre comment ces emprunts se sont déformés,
on se permettra de penser que le second approche davantage le
secret de la création [2].

D'autant que la critique analogique est finalement aussi aven-
tureuse que l'autre. Obsédée, si j'ose dire, par le « dénichage »
des ressemblances, elle ne connaît plus qu'une démarche : l'in-
duction ; d'un fait hypothétique, elle tire des conséquences bientôt certaines, construit un certain système en fonction d'une certaine logique . *si* Andromaque est la Du Parc, *alors* Pyrrhus est
Racine, etc. *Si*, écrit R. Jasinski, *guidé* par la Folle Querelle,
nous pouvions croire à une mésaventure amoureuse de Racine,

---

grecque, et le passage d'une économie rurale à une économie marchande, carac-
térisée par une brusque promotion de l'argent *(Marxism and Poetry).*
1. Sur le mythe des origines, voir Bloch, *Métier d'historien,* p. 6 et 15.
2. Il n'y a aucune raison pour que la critique prenne les sources littéraires
d'une œuvre, d'un personnage ou d'une situation pour des faits bruts : si Racine
choisit Tacite, c'est peut-être parce qu'il y a dans Tacite des fantasmes déjà raciniens : Tacite aussi relève d'une critique psychologique, avec tous ses choix et
toutes ses incertitudes.

*la genèse d'*Andromaque *deviendrait claire.* On la cherche, et
naturellement on la trouve. Les ressemblances prolifèrent un peu
comme les alibis dans le langage paranoïaque. Il ne faut pas s'en
plaindre, la démonstration d'une cohérence étant toujours un
beau spectacle critique ; mais ne voit-on pas que, si le contenu
épisodique de la preuve est objectif, le postulat qui en justifie la
recherche est, lui, parfaitement systématique ? Si ce postulat
était reconnu, si le fait, sans qu'on renonce aux garanties tradi-
tionnelles de son établissement, cessait enfin d'être l'alibi scientiste d'une option psychologique, alors, par un retour paradoxal,
l'érudition deviendrait enfin féconde, dans la mesure où elle
ouvrirait à des significations manifestement relatives, et non
plus parées des couleurs d'une nature éternelle. R. Jasinski pos-
tule que le « moi profond » est modifié par des situations et des
incidences, donc par les données biographiques. Or cette
conception du *moi* est aussi éloignée de la psychologie telle que
pouvaient l'imaginer les contemporains de Racine que des
conceptions actuelles, pour lesquelles le *moi* profond est précisément celui qui est défini par une fixité de structure (psychanalyse) ou par une liberté qui *fait* la biographie, au lieu d'être
conditionnée par elle (Sartre). En fait, R. Jasinski projette sa
propre psychologie en Racine, comme chacun d'entre nous ;
comme A. Adam, qui a bien le droit de dire que telle scène de
Mithridate émeut « ce que nous avons de meilleur » ; jugement
expressément normatif, fort légitime, à condition toutefois de ne
pas déclarer plus loin « absurde et barbare » l'interprétation que
Spitzer donne du récit de Théramène Osera-t-on dire à Jean
Pommier que ce qui plaît dans son érudition, c'est qu'elle
marque des préférences, flaire certains thèmes et non point
d'autres, bref qu'elle est le masque vivant de quelques obses-
sions ? Ne sera-t-il plus sacrilège, un jour, de psychanalyser
l'Université ? Et pour en revenir à Racine, pense-t-on qu'on
puisse démonter le mythe racinien, sans qu'y comparaissent *tous*
les critiques qui ont parlé de Racine ?

On serait en droit de demander que cette psychologie qui fonde la critique d'érudition et qui est, en gros, celle qui régnait à la naissance du système lansonien, consente à se renouveler un peu, qu'elle suive un peu moins Théodule Ribot. On ne le demande même pas ; mais que simplement, elle affiche ses choix.

La littérature s'offre à la recherche objective par toute sa face institutionnelle (encore qu'ici comme en histoire, le critique n'ait aucun intérêt à masquer sa propre situation). Quant à l'envers des choses, quant à ce lien très subtil qui unit l'œuvre à son créateur, comment y toucher, sinon en termes engagés ? De toutes les approches de l'homme, la psychologie est la plus *improbable,* la plus marquée par son temps. C'est qu'en fait la *connaissance* du moi profond est illusoire : il n'y a que des façons différentes de le parler. Racine se prête à plusieurs langages : psychanalytique, existentiel, tragique, psychologique (on peut en inventer d'autres ; on en inventera d'autres) ; aucun n'est innocent. Mais reconnaître cette impuissance à *dire vrai* sur Racine, c'est précisément reconnaître enfin le statut spécial de la littérature. Il tient dans un paradoxe : la littérature est cet ensemble d'objets et de règles, de techniques et d'œuvres, dont la fonction dans l'économie générale de notre société est précisément d'*institutionnaliser la subjectivité.* Pour suivre ce mouvement, le critique doit lui-même se faire paradoxal, afficher ce pari fatal qui lui fait parler Racine d'une façon et non d'une autre : lui aussi fait partie de la littérature. La première règle objective est ici d'annoncer le système de lecture, étant entendu qu'il n'en existe pas de neutre. De tous les travaux que j'ai cités [1], je n'en conteste aucun, je puis même dire qu'à des titres

1. Ouvrages cités : A. Adam, *Histoire de la littérature française au XVIIe siècle,* tome IV, Domat, 1958, 391 p. – M. Bloch, *Apologie pour l'histoire ou métier d'historien,* Armand Colin, 1959, 3e éd., XVII-111 p. – L. Goldmann, *Le Dieu caché,* Gallimard, 1955, 454 p. – M. Granet, *Études sociologiques sur la Chine,* PUF, 1953, xx-303 p. – R. Jasinski, *Vers le vrai Racine,* Armand Colin, 1958, 2 vol., XXVII-491-563 p. – R. C. Knight, *Racine et la Grèce,* Paris, Boivin, 1950, 467 p. – Ch. Mauron, *L'Inconscient dans l'œuvre et la vie de Racine,* Gap, Ophrys, 1957, 350 p. – J. Orcibal, *La Genèse d'Esther et d'Athalie,* Paris, Vrin,

divers je les admire tous. Je regrette seulement que tant de soin soit apporté au service d'une cause confuse : car si l'on veut faire de l'histoire littéraire, il faut renoncer à l'individu Racine, se porter délibérément au niveau des techniques, des règles, des rites et des mentalités collectives ; et si l'on veut s'installer dans Racine, à quelque titre que ce soit, si l'on veut dire, ne serait-ce qu'un mot, du *moi* racinien, il faut bien accepter de voir le plus humble des savoirs devenir tout d'un coup systématique, et le plus prudent des critiques se révéler lui-même un être pleinement subjectif, pleinement historique.

1950, 152 p. – R. Picard, *La Carrière de Jean Racine,* Gallimard, 1956, 708 p. – J. Pommier, *Aspects de Racine,* Nizet, 1954, XXXVIII-465 p. – Thierry Maulnier, *Racine*, Gallimard, 43ᵉ éd., 1947, 311 p.

Table

Du même auteur

AUX MÊMES ÉDITIONS

Le Degré zéro de l'écriture
1953
suivi de Nouveaux Essais critiques
et « Points Essais », n° 35, 1972

Michelet
« Écrivains de toujours », 1954
réédition en 1995

Mythologies
1957
et « Points Essais », n° 10, 1970

Essais critiques
1964
et « Points Essais », n° 127, 1981

Critique et Vérité
1966
et « Points Essais », n° 396, 1999

Système de la Mode
1967
et « Points Essais », n° 147, 1983

S/Z
1970
et « Points Essais », n° 70, 1976

Sade, Fourier, Loyola
1971
et « Points Essais », n° 116, 1980

Le Plaisir du texte
1973
et « Points Essais », n° 135, 1982

Roland Barthes
« *Écrivains de toujours* », *1975, 1995*

Fragments d'un discours amoureux, 1977

Poétique du récit
(en collaboration)
« *Points Essais* », *n° 78, 1977*

Leçon
1978
et « Points Essais », n° 205, 1989

Sollers écrivain, 1979

Le Grain de la voix, 1981
Entretiens (1962-1980)
« *Points Essais* », *n° 395, 1999*

Littérature et Réalité
(en collaboration)
« *Points Essais* », *n° 142, 1982*

Essais critiques III
L'Obvie et l'Obtus
1982
et « Points Essais », n° 239, 1992

Essais critiques IV
Le Bruissement de la langue
1984
et « Points Essais », n° 258, 1993

L'Aventure sémiologique, 1985
et « Points Essais », n° 219, 1991

Incidents, 1987

Sur la littérature
(avec Maurice Nadeau)
PUG, 1980

La Tour Eiffel
(en collaboration avec André Martin)
CNP/Seuil, 1989, 1999

Janson
Altamira, 1999

GROUPE CPI

Achevé d'imprimer en novembre 2002 par
BUSSIÈRE CAMEDAN IMPRIMERIES
à Saint-Amand-Montrond (Cher)
N° d'édition : 5072-8. - N° d'impression : 025260/1
Dépôt légal : février 1979.
Imprimé en France

Collection Points

SÉRIE ESSAIS

DERNIERS TITRES PARUS